やりきれるから自信がつく

✓ 1日1枚の勉強で、学習習慣が定着

◎目標時間に合わせて、負担のない量の問題数で構成されているので、「1日1枚」やりきることができます。

◎教科書の内容に基づいているので、授業の進度に合わせて使うこともできます。

✓ すべての学習の土台となる「基礎力」が身につく

◎「基礎」が身についていなければ、発展的な学習に進むことはできません。スモールステップで構成され、1冊の中でも[illegible]学習していくので、確実に「基礎力」を身につけることができます。

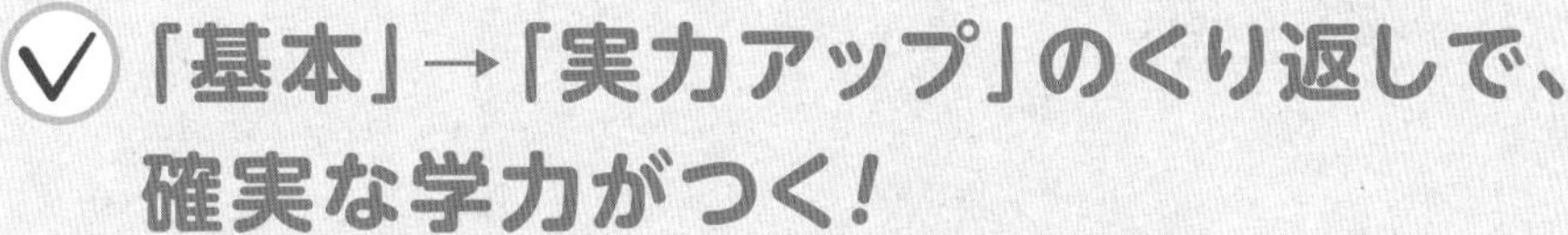

✓ 「基本」→「実力アップ」のくり返しで、確実な学力がつく!

◎本書は、基本問題と実力アップ問題で構成されています。

◎基礎を固めてから、総合・発展的な問題に挑戦することで、さらに理解を深めることができます。

学研 毎日のドリルの使い方

1 1日1枚、集中して解きましょう

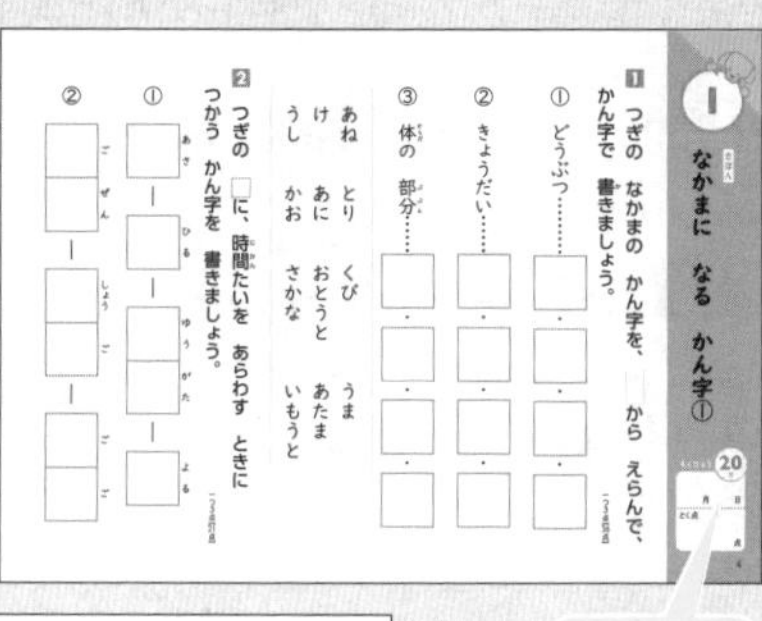

目標時間

◎「きほん」と「実力アップ」があります。

「きほん」を学習したら、「実力アップ」に進みましょう。

◎1回分は2ページです。

◎目標時間を意識して解きましょう。

ストップウォッチなどで、かかった時間をはかりましょう。

2 おうちの方に、答え合わせをしてもらいましょう

・本の最後に、「答えとアドバイス」があります。

・答え合わせをしてもらったら、「とく点ひょう」に点数を記入しましょう。

できなかった問題を
解き直すと、
より力がつくよ！

とく点（てん）ひょう

とく点を　記入（きにゅう）しよう！
50点いじょうなら、☆を　1つ　ぬろう。100点なら、☆を　もう1つ　ぬろう。

		学しゅうないよう	とく点	50点いじょう	100点
1	きほん	なかまに　なる　かん字 ①	点	☆	☆
2	きほん	なかまに　なる　かん字 ②	点	☆	☆
3	きほん	かん字と　おくりがな	点	☆	☆
4	きほん	同じ　部分を　もつ　かん字・かん字の　組み立て	点	☆	☆
5	きほん	まちがえやすい　かん字 ①	点	☆	☆
6	きほん	まちがえやすい　かん字 ②	点	☆	☆
7	実力アップ	かん字	点	☆	☆
8	きほん	かたかなで　書く　ことば	点	☆	☆
9	きほん	音や　ようすを　あらわす　ことば・組み合わせた　ことば	点	☆	☆
10	きほん	はんたいの　いみの　ことば・にた　いみの　ことば	点	☆	☆
11	実力アップ	ことば ①	点	☆	☆
12	きほん	丸（。）・点（、）・かぎ（「　」）	点	☆	☆
13	きほん	文の　組み立て	点	☆	☆
14	きほん	文と　文を　つなぐ　ことば	点	☆	☆
15	実力アップ	ことば ②	点	☆	☆
16	きほん	「だれが　何を　どう　する」を　読みとろう ①	点	☆	☆
17	きほん	「だれが　何を　どう　する」を　読みとろう ②	点	☆	☆
18	きほん	人ぶつの　気もちを　読みとろう ①	点	☆	☆
19	実力アップ	ものがたり ①	点	☆	☆
20	きほん	場めんの　ようすを　読みとろう ①	点	☆	☆
21	きほん	場めんの　ようすを　読みとろう ②	点	☆	☆
22	きほん	人ぶつの　気もちを　読みとろう ②	点	☆	☆
23	実力アップ	ものがたり ②	点	☆	☆
24	きほん	何の　せつめいかを　読みとろう	点	☆	☆
25	きほん	正しく　読みとろう ①	点	☆	☆
26	きほん	正しく　読みとろう ②	点	☆	☆
27	実力アップ	せつめい文 ①	点	☆	☆
28	きほん	じゅんじょよく　読みとろう	点	☆	☆
29	きほん	だいじな　ことを　読みとろう ①	点	☆	☆
30	きほん	だいじな　ことを　読みとろう ②	点	☆	☆
31	実力アップ	せつめい文 ②	点	☆	☆
32	きほん	ようすや　気もちを　読みとろう ①	点	☆	☆
33	きほん	ようすや　気もちを　読みとろう ②	点	☆	☆
34	きほん	ようすや　気もちを　読みとろう ③	点	☆	☆
35	実力アップ	し	点	☆	☆
36		まとめテスト ①	点	☆	☆
37		まとめテスト ②	点	☆	☆
38		まとめテスト ③	点	☆	☆

1 なかまに なる かん字①

きほん

もくひょう 20分

月　日

とく点　　点

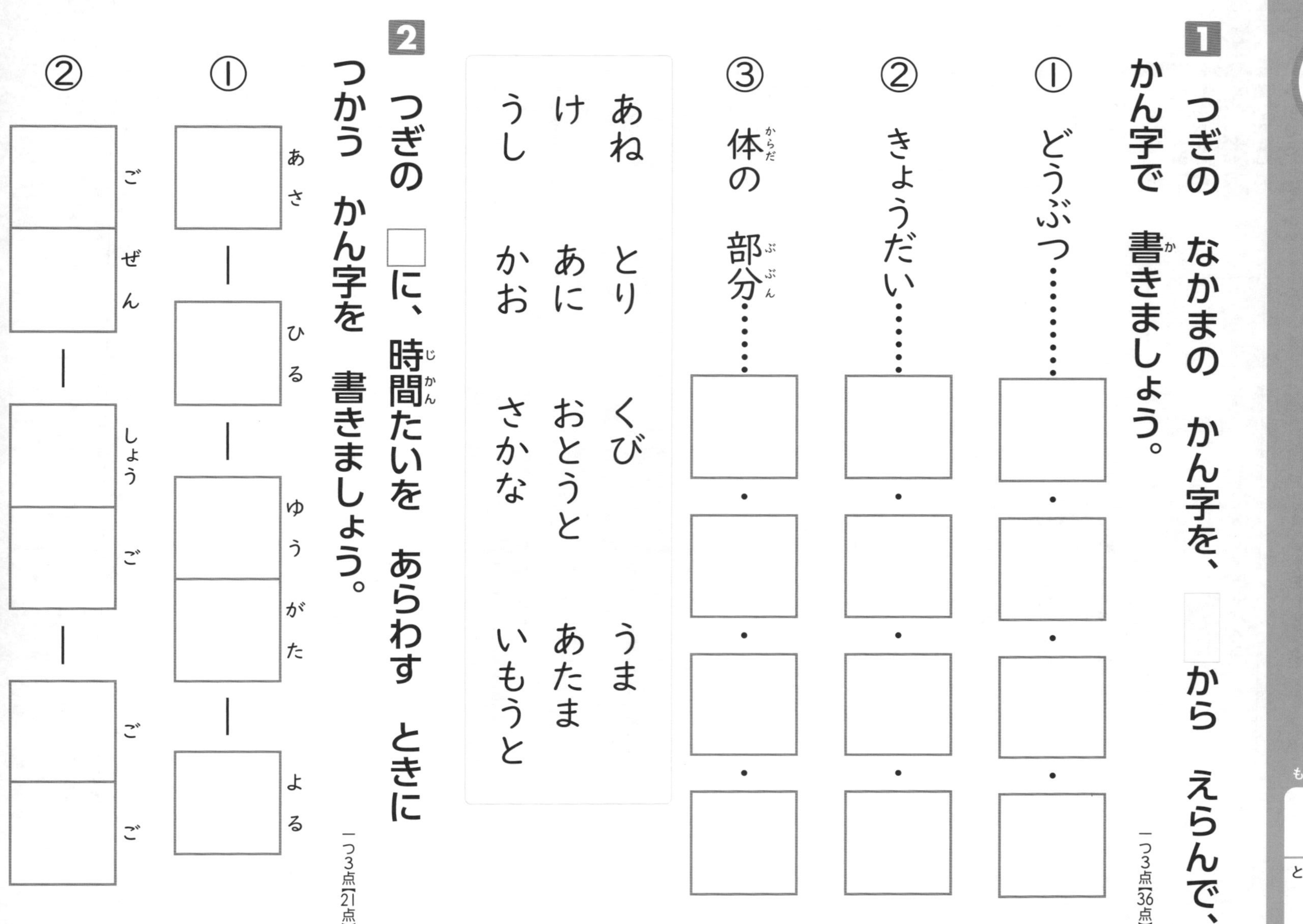

1 つぎの なかまの かん字を、□から えらんで、かん字で 書(か)きましょう。 一つ3点【36点】

① どうぶつ……□・□・□・□

② きょうだい……□・□・□・□

③ 体(からだ)の 部分(ぶぶん)……□・□・□・□

あね	とり	くび	うま
け	あに	おとうと	あたま
うし	かお	さかな	いもうと

2 つぎの □に、時間(じかん)たいを あらわす ときに つかう かん字を 書きましょう。 一つ3点【21点】

① □(あさ)―□(ひる)―□□(ゆうがた)―□(よる)

② □□(ごぜん)―□□(しょうご)―□□(ごご)

3 つぎの　うごきを　する　ことばを、［　］から　えらんで、かん字と　ひらがなで　書(か)きましょう。

一つ4点【28点】

① 口で　する　こと。

（　　）・（　　）・（　　）

② 足で　する　こと。

（　　）・（　　）

③ 心(こころ)の　中で　する　こと。

（　　）・（　　）

それぞれ、ひらがなの　つけ方(かた)にも　ちゅうい！

あるく	たべる	いう	かんがえる
はなす	おもう	はしる	

4 絵(え)の　中の　①〜⑤の　ことばを、かん字で　書きましょう。

一つ3点【15点】

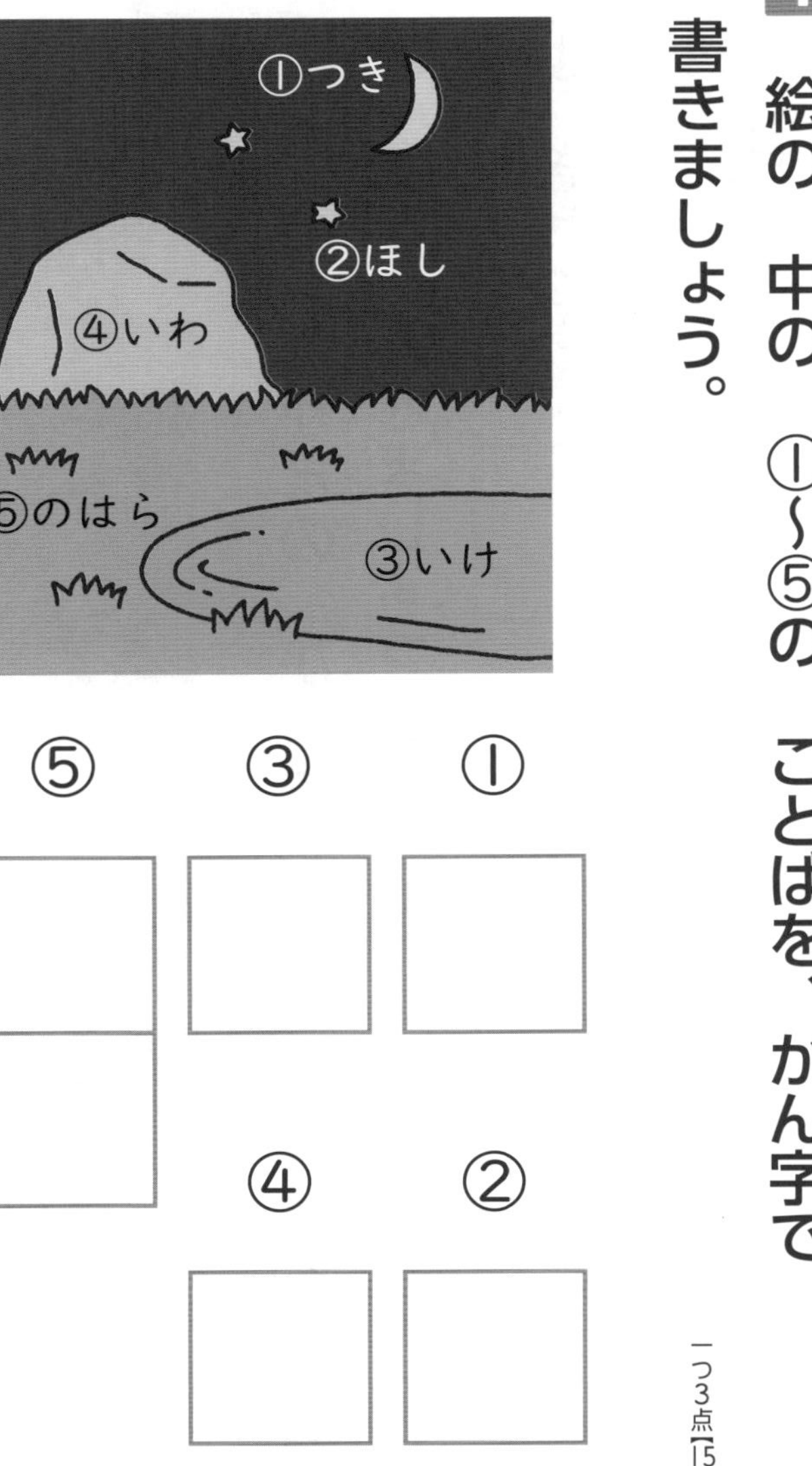

① ［　］　② ［　］

③ ［　］　④ ［　］

⑤ ［　］［　］

答え ▶ 86ページ

なかまに なる かん字②

もくひょう 20分　月　日　とく点　点

1 つぎの なかまの かん字を、□から えらんで、かん字で 書きましょう。　一つ4点【32点】

① きせつ……□・□・□・□

② 方がく……□・□・□・□

きた	なつ	みなみ	ひがし
ふゆ	にし	はる	あき

2 つぎの 絵の 形を あらわす ことばを、□から えらんで、かん字で 書きましょう。　一つ5点【20点】

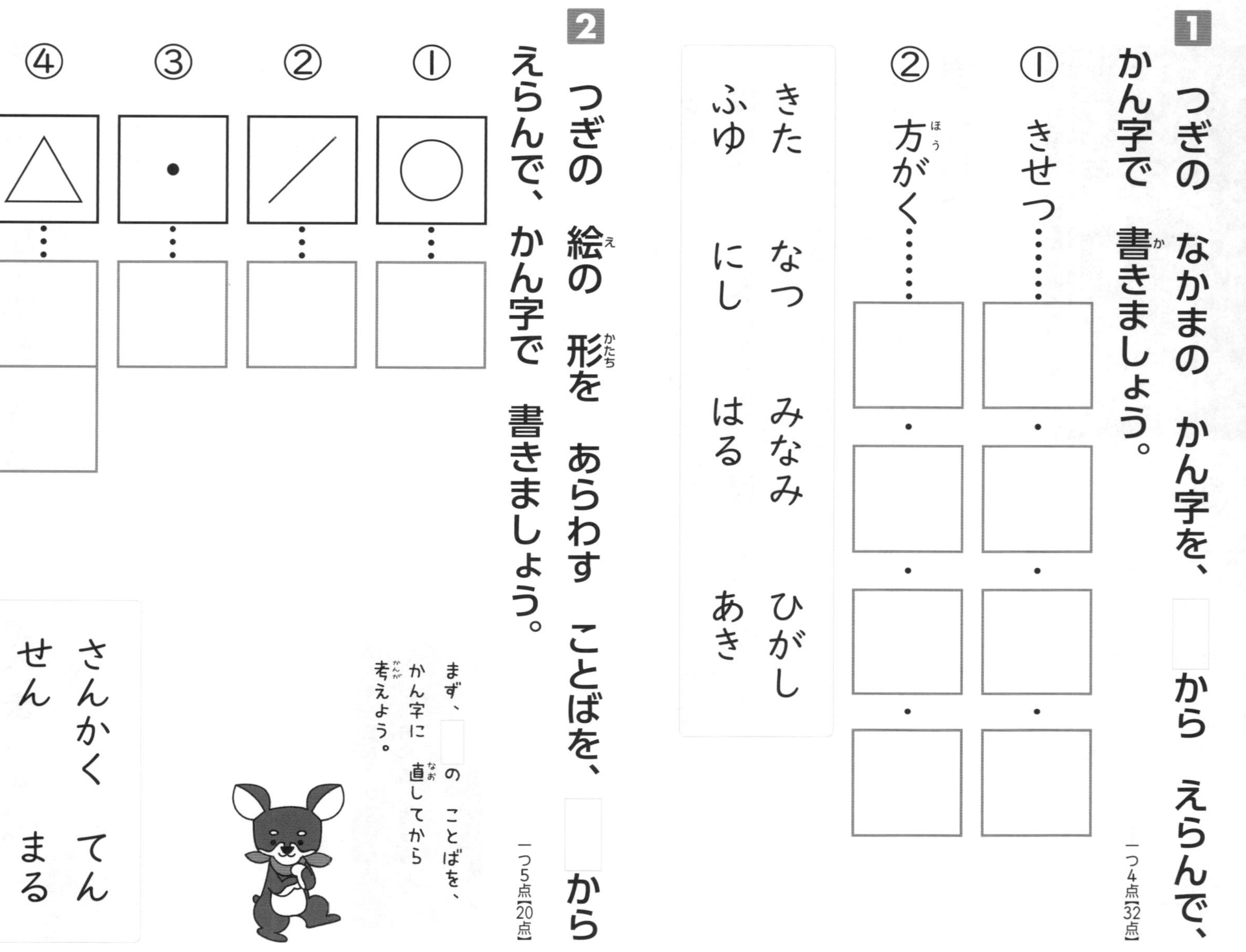

さんかく	てん
せん	まる

3 つぎの　時間わりひょうの □ に、かん字を書きましょう。

一つ4点【28点】

	月	火	水
一時間め	⑤しゃかい □□	③さんすう □□	①おんがく □□
二時間め	⑥たいいく □育	④ずがこうさく □□□□	②りか □□
三時間め	⑦こくご □□		こくご

4 つぎの　地ずの　①～⑤の　ことばを、かん字で書きましょう。

一つ4点【20点】

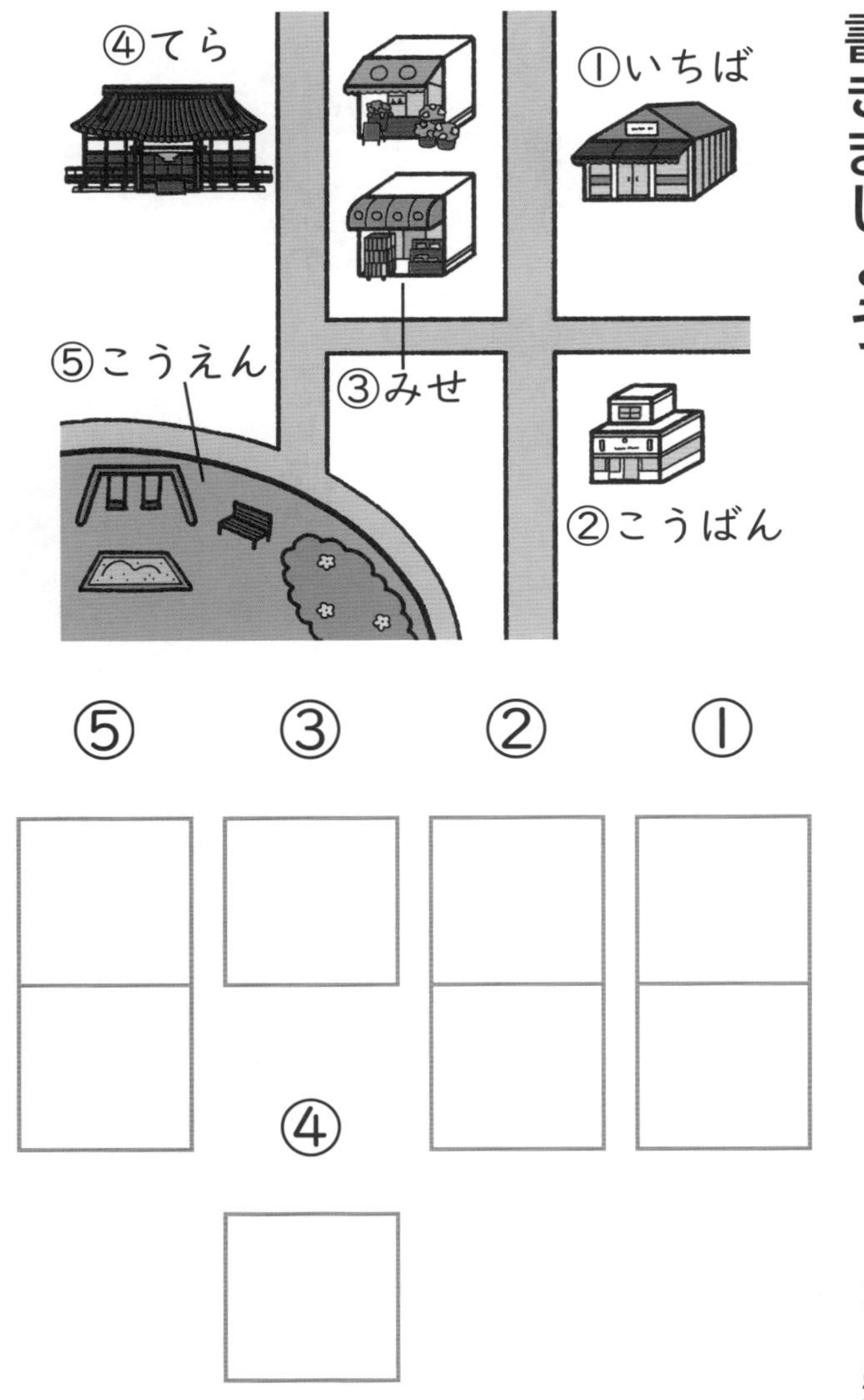

① □□

② □□

③ □

④ □

⑤ □□

答え ▶ 86ページ

3 きほん かん字と おくりがな

もくひょう 20分

月　日

とく点　　点

1 ――線の ことばを、かん字と おくりがなで 書きましょう。

一つ5点【20点】

① 星が ひかる。（　　）

② 数が すくない。（　　）

③ 家に かえる。（　　）

④ くじが あたる。（　　）

2 「読む」の おくりがなを、下に つづく ことばに 合うように 直して 書きましょう。

一つ5点【30点】

① 本を 読□ない。

② 本を 読□ます。

③ 本を 読□だ。

④ 本を 読□う。

⑤ 本を 読□ ことも ある。

⑥ 本を 読□ば わかる。

おくりがなは、ことばの つながりに よって かわるね。

3 おくりがなの つけ方が 正しい ほうに、○を つけましょう。

一つ6点【30点】

① はれる ア（ ）晴る　イ（ ）晴れる

② ふるい ア（ ）古い　イ（ ）古るい

③ うしろ ア（ ）後ろ　イ（ ）後しろ

④ もちいる ア（ ）用る　イ（ ）用いる

⑤ あたらしい ア（ ）新しい　イ（ ）新らしい

4 つぎの かん字を、ア・イの 読み方で 読む ときの おくりがなを、（ ）に 書きましょう。

一つ5点【20点】

① 細
ア ほそい → 細（ ）ひも。
イ こまかい → 細（ ）つぶ。

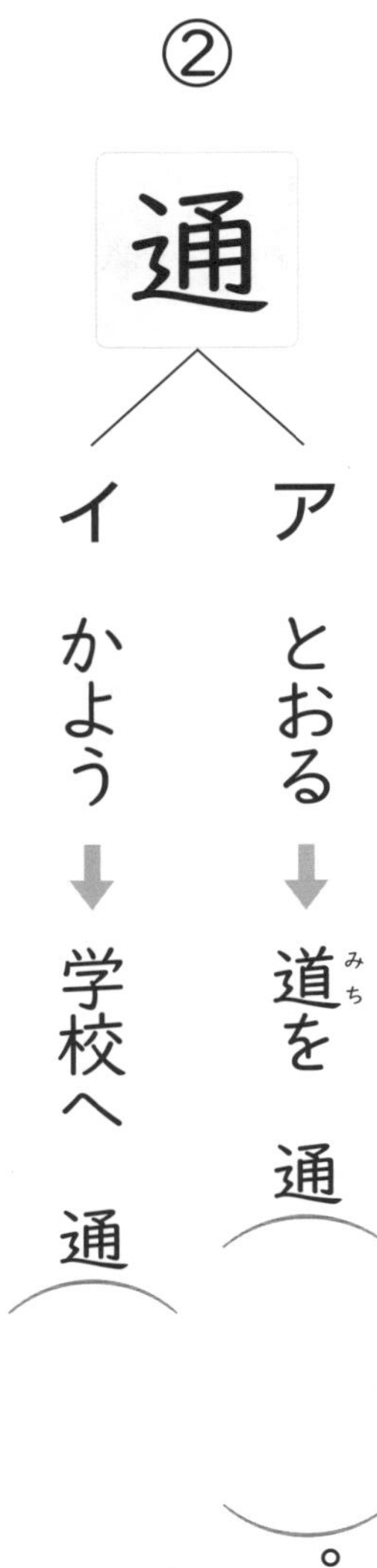

② 通
ア とおる → 道を 通（ ）。
イ かよう → 学校へ 通（ ）。

答え ▶ 86ページ

きほん

4 同じ部分を もつ かん字・かん字の 組み立て

もくひょう 20分

月　日

とく点　　点

1 つぎの かん字の 同じ 部分を 書きましょう。 一つ3点【18点】

① 記・読・話

② 数・教

③ 交・京

④ 兄・元・光

⑤ 広・店

⑥ 間・聞

同じ 部分の ある いちは、いろいろだね。

2 ①～⑥が 正しい かん字に なるように、□から 同じ 部分を えらんで 書き入れましょう。（少し 形を かえる ものも あります。） りょうほう できて 一つ4点【24点】

① 氏・且

② 昜・也

③ 翟・月

④ 豆・彦

⑤ 至・家

⑥ 里・占

日　土　頁　宀　糸　灬

3 つぎの　二つの　かん字を　合わせて、一つの　かん字を　作(つく)りましょう。

（少(すこ)し　形(かたち)を　かえます。）　一つ3点【18点】

① 日＋生＝□　② 田＋心＝□

③ 口＋鳥＝□　④ 矢＋口＝□

⑤ 王＋里＝□　⑥ 日＋寺＝□

4 つぎの　かん字を　□の　数(かず)だけ　分(わ)けて、べつべつに　書(か)きましょう。

一つ4点【40点】

れい　校　→　木・交

①　姉　→　□・□

②　歩　→　□・□

③　線　→　□・□・□

④　親　→　□・□・□

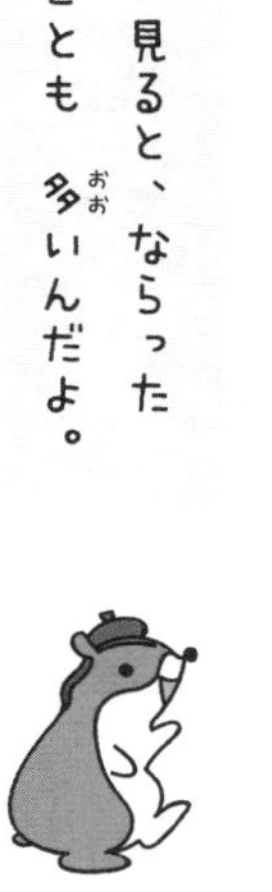

かん字を　部分(ぶぶん)で　見ると、ならった　かん字で　ある　ことも　多(おお)いんだよ。

答え ▶ 86ページ

きほん

5 まちがえやすい　かん字①

もくひょう 20分

月　日

とく点

点

1 ――線の　かん字の　読みがなを　書きましょう。

【一つ4点〔32点〕】

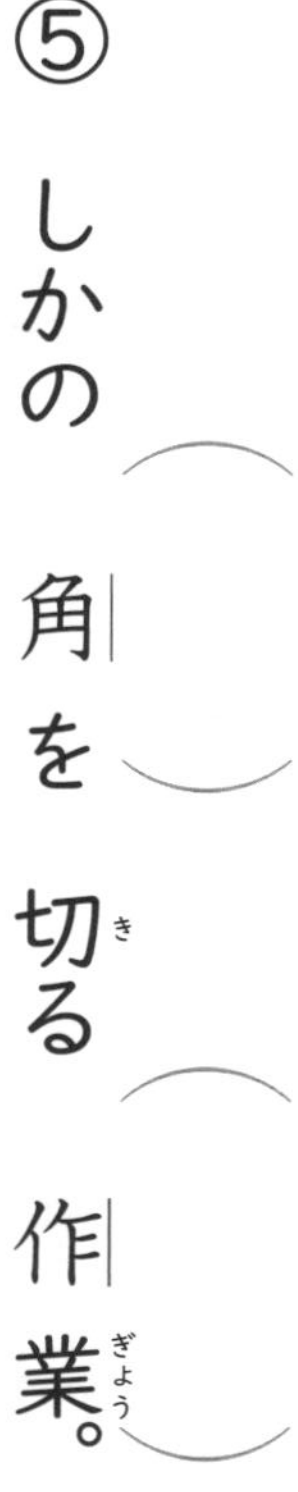

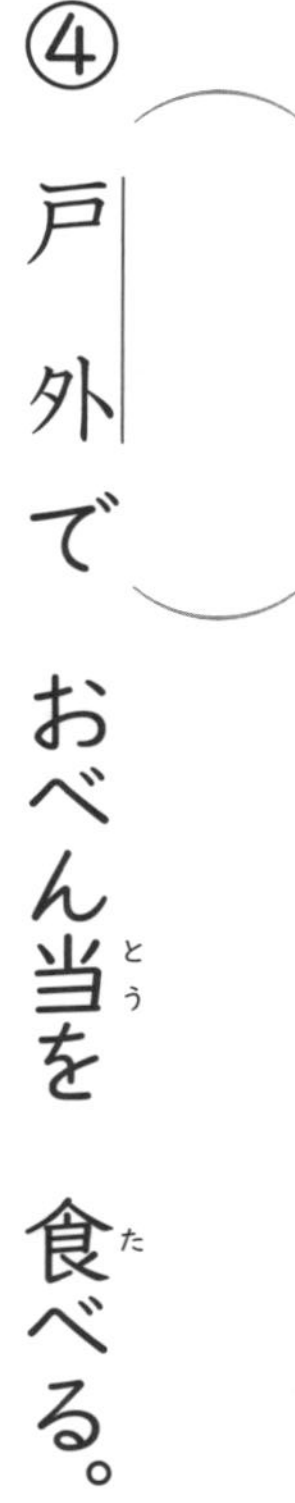

① 来（　）ないで　ほしいと　言（　）う。

② 夜中（　）に　みなとから　船出（　）する。

③ 八月も　半（　）ばを　すぎた。

④ 戸外（　）で　おべん当を　食べる。

⑤ しかの　角（　）を　切る　作業（　）。

2 読み方の　ちがいに　気を　つけて、――線の　かん字の　読みがなを　書きましょう。

【一つ5点〔20点〕】

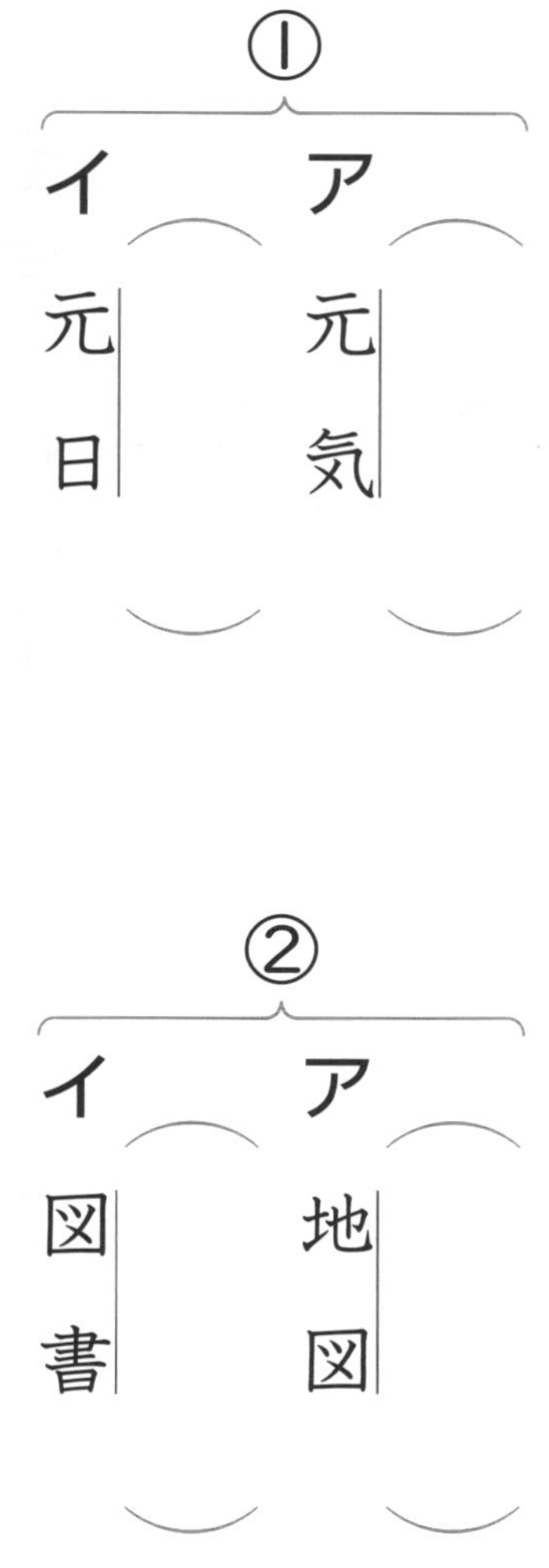

①　ア　元気（　）　イ　元日（　）

②　ア　地図（　）　イ　図書（　）

3 正しい ほうの かん字に、○を つけましょう。

一つ4点【16点】

① ア（　）西　イ（　）西

② ア（　）鳥　イ（　）鳥

③ ア（　）場　イ（　）場

④ ア（　）雪　イ（　）雪

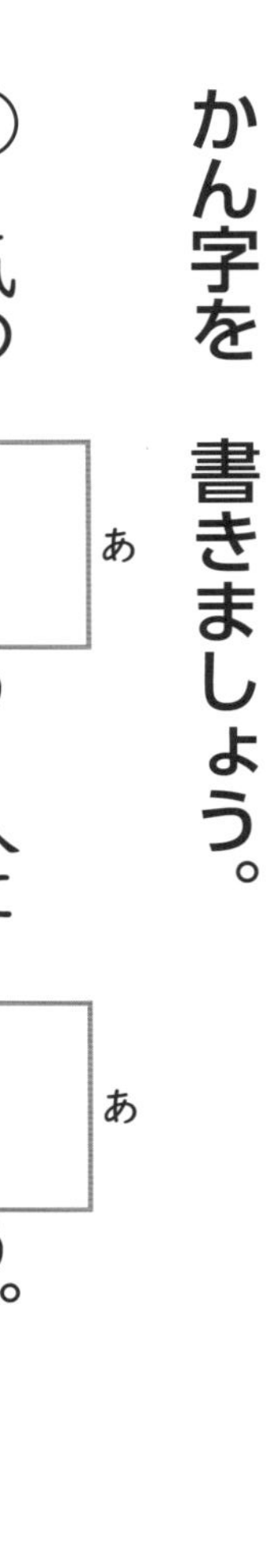

4 形の にた かん字に 気を つけて、□に かん字を 書きましょう。

一つ4点【32点】

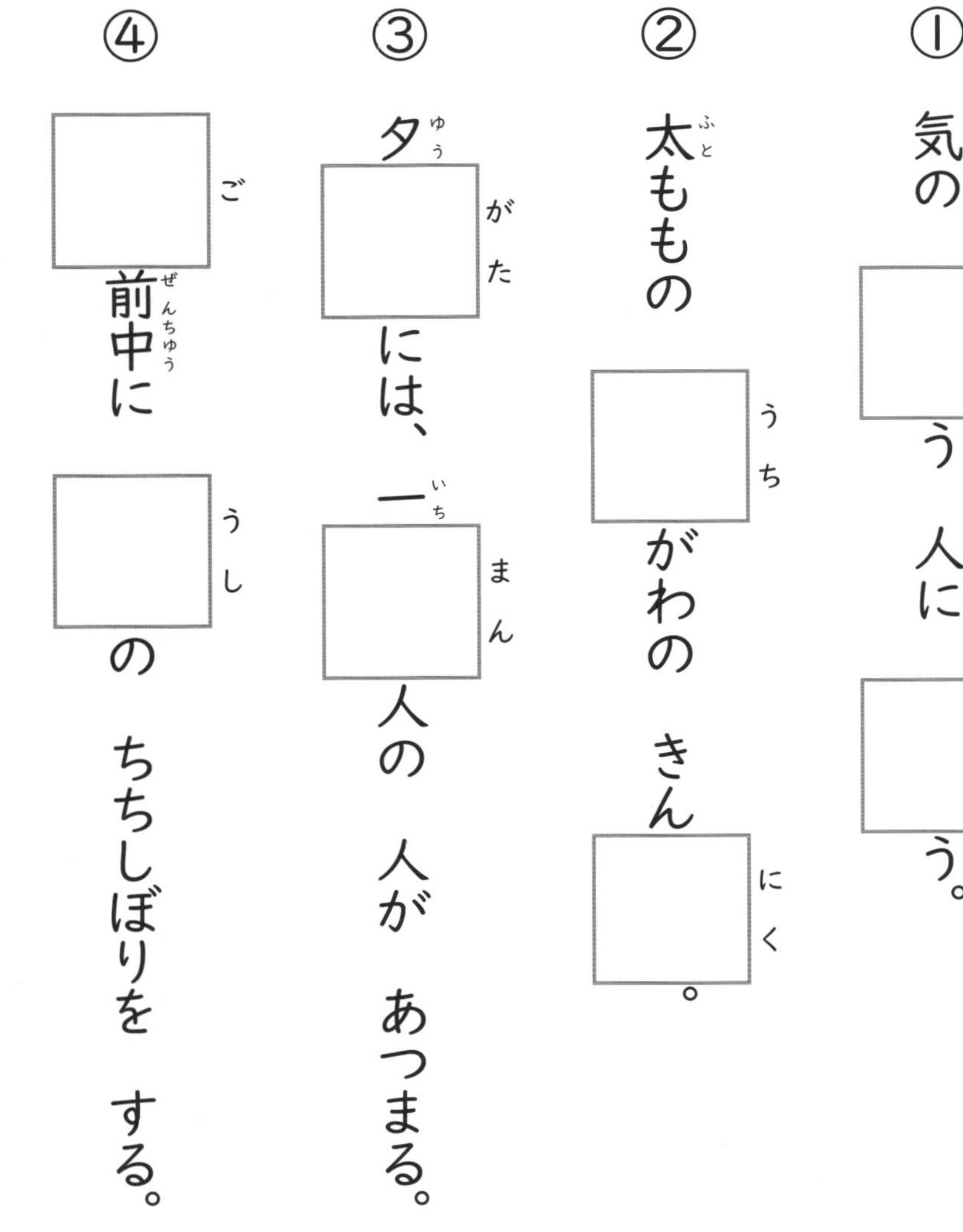

① 気の □(あ)う 人に □(あ)う。

② 太(ふと)ももの □(うち)がわの きん□(にく)。

③ 夕(ゆう)□(がた)には、一(いち)□(まん)人の 人が あつまる。

④ □(ご)前中(ぜんちゅう)に □(うし)の ちちしぼりを する。

答え ▶ 87ページ

6 きほん まちがえやすい かん字②

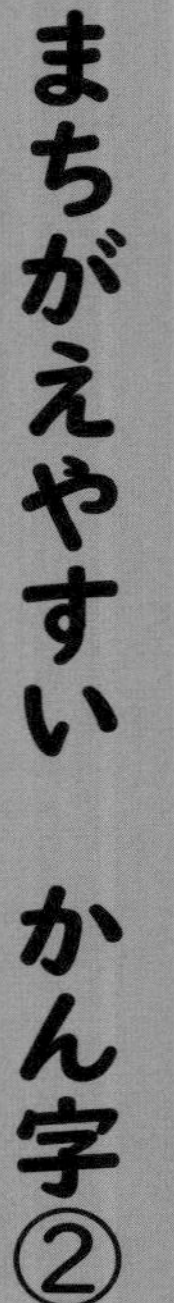

1 おくりがなに 気を つけて、——線の かん字の 読みがなを 書きましょう。（一つ5点【20点】）

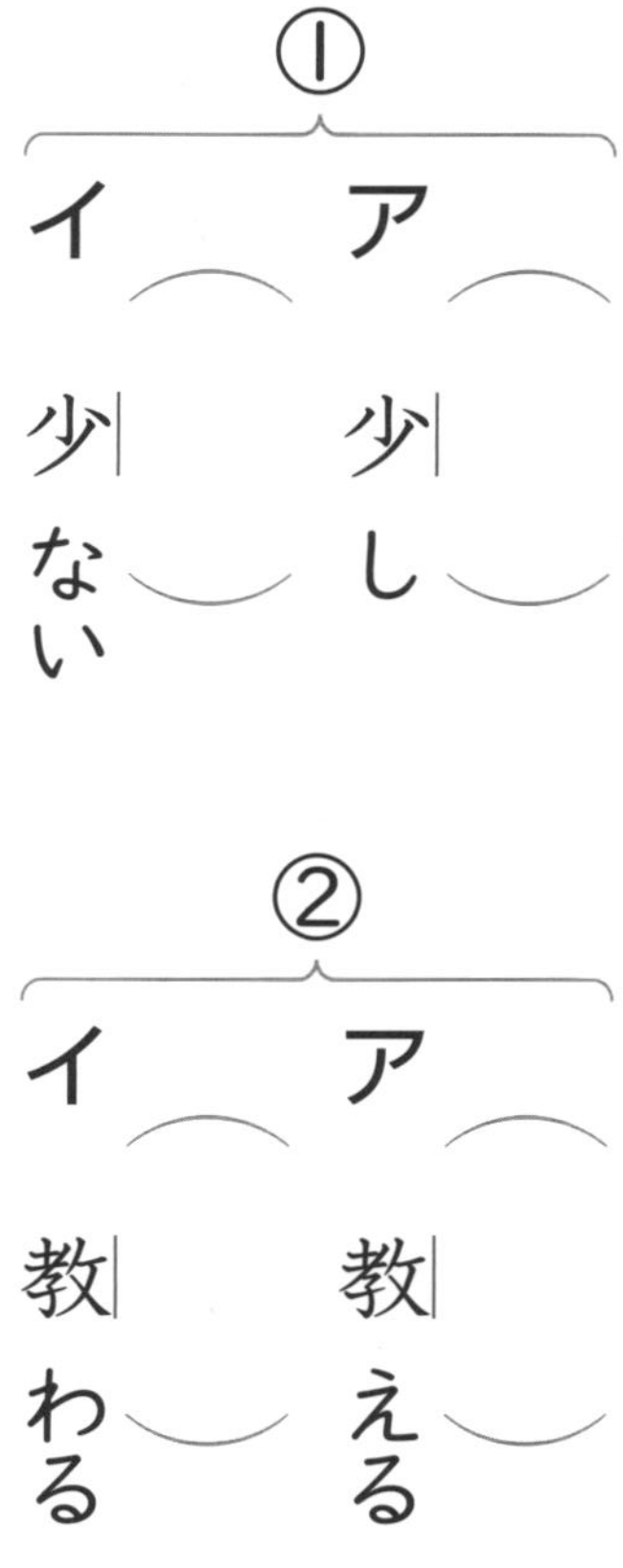

① ア 少し（　　）　イ 少ない（　　）

② ア 教える（　　）　イ 教わる（　　）

2 □の あいて いる ところに 合う かん字の 部分を、下の □ から えらんで 書き入れましょう。（一つ4点【32点】）

① この 土［也］（ち）には、［也］（いけ）が ある。　【土・氵】

② ［亲］（おや）子で ［亲］（あたら）しい 家に すむ。　【斤・見】

③ 生［舌］（かつ）の ようすを ［舌］（はな）す。　【氵・言】

④ ラジオを ［門］（き）く 時［門］（かん）だ。　【日・耳】

3 つぎの　かん字は、何画で　書きますか。数の　かん字で　答(こた)えましょう。　一つ4点【8点】

①　弓　□画

②　近　□画

4 つぎの　かん字の　矢(や)じるし　部分(ぶぶん)は、何画めに　書きますか。数の　かん字で　答えましょう。　一つ4点【20点】

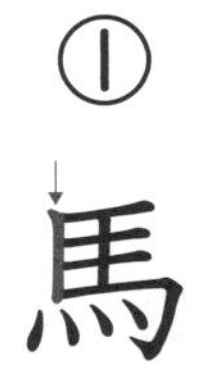

①　馬　□画め

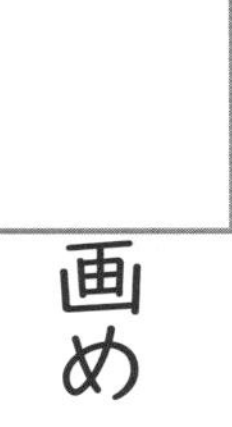

②　万　□画め

③　門　□画め

④　科　□画め

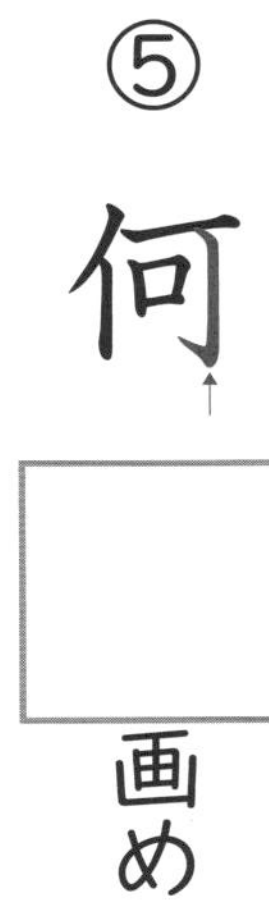

⑤　何　□画め

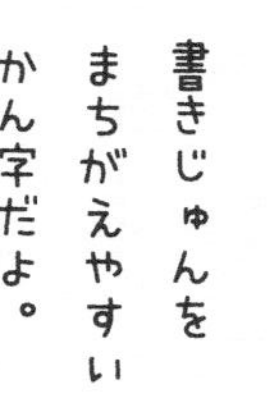

5 書きじゅんの　正しい　ほうに、○を　つけましょう。　一つ5点【20点】

① 母　ア（　）　く　ワ　母　母
　　　イ（　）　く　ワ　母　母

② 妹　ア（　）　く　女　女　妹
　　　イ（　）　一　七　女　妹

③ 楽　ア（　）　白　泊　泊　楽
　　　イ（　）　氵　泊　泊　楽

④ 角　ア（　）　⺈　⺆　角　角
　　　イ（　）　⺈　⺆　角　角

7 かん字

実力アップ

もくひょう 20分

月　日　とく点　点

1 つぎの　なかまの　かん字を、□から　えらんで、かん字で　書きましょう。

一つ4点【36点】

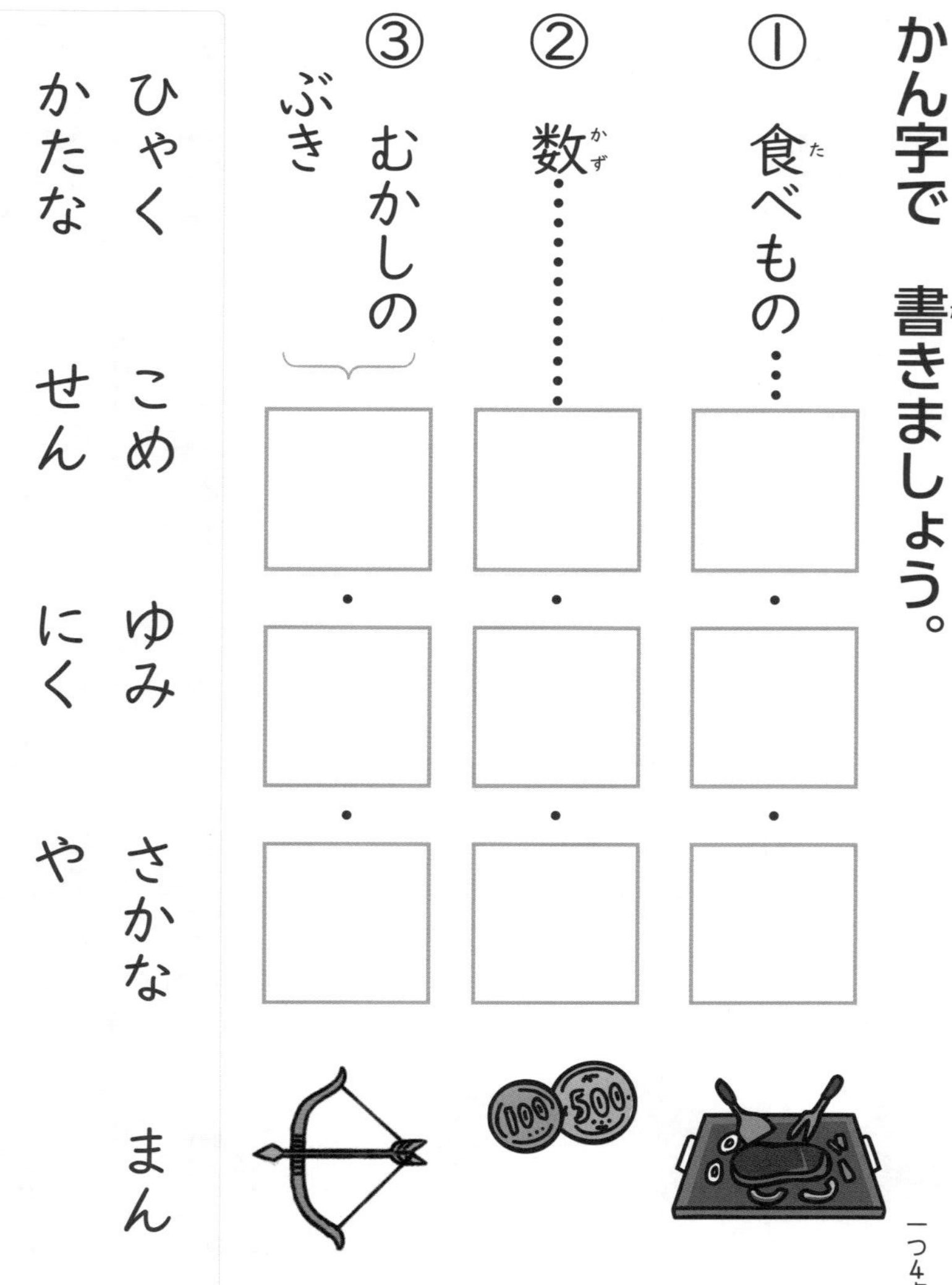

① 食べもの…□・□・□

② 数…………□・□・□

③ むかしの　ぶき　□・□・□

ひゃく　　こめ　　ゆみ　　さかな　　まん
かたな　　せん　　にく　　や

2 ――線の　ことばは、おくりがなの　つけ方が　まちがって　います。正しく　書きなおしましょう。

一つ5点【10点】

① 話が　長がい。（　　　）

② 明りを　つける。（　　　）

3 ①〜⑥の□には、それぞれ　同じ　部分が　入ります。それを　下から　えらんで、——線(せん)で　むすびましょう。

一つ5点【30点】

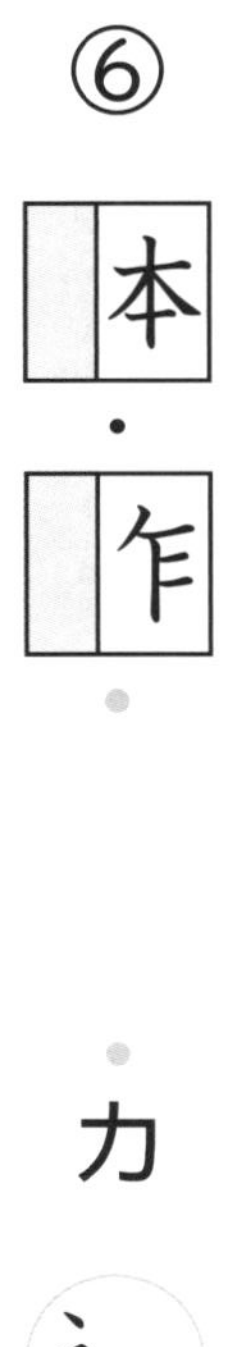

① 毎・气
② 夋・亍
③ 袁・首
④ 电・云
⑤ 袁・口
⑥ 本・乍

ア 雨
イ 口
ウ 亻
エ 彳
オ 氵
カ 辶

4 文に　合(あ)う　ほうの　かん字に、○を　つけましょう。

一つ4点【24点】

① {小・少}さな　茶(ちゃ)わんに　{小・少}し　入れる。

② {手・毛}で　かみの　{手・毛}を　さわる。

③ ゆっくり　{休・体}を　{休・体}める。

答え ▶ 87ページ

8 きほん かたかなで 書く ことば

もくひょう 20分

月　日

とく点　　点

1 つぎの ことばを、かたかなに 直して 書きましょう。 一つ5点【30点】

① ふらいぱん（　　　）

② かれんだあ（　　　）

③ びゅうびゅう（　　　）

④ いんどねしあ（　　　）

⑤ ぱいなっぷる（　　　）

⑥ こけこっこう（　　　）

2 つぎの ことばを かたかなで 正しく 書いて いる ほうに、○を つけましょう。 一つ5点【15点】

① えじそん　ア（　）エヅンソ　イ（　）エジソン

② まどれえぬ　ア（　）マドレーヌ　イ（　）アドレース

③ わっくす　ア（　）ウッタヌ　イ（　）ワックス

形の にた かたかなに ちゅういしてね！

3 　の　かたかなで　書く　ことばを　①～④に分けて、記号で　答えましょう。

一つ5点【40点】

ア　スープ　　イ　ニャー　　ウ　ガチャン
エ　ドイツ　　オ　ズボン　　カ　ヒヒーン
キ　バシャバシャ　　ク　モーツアルト

① どうぶつの　鳴き声。…………（　）・（　）

② いろいろな　ものの　音。…………（　）・（　）

③ 外国から　来た　ことば。…………（　）・（　）

④ 外国の、国や　土地の　名前、人の　名前。…………（　）・（　）

4 つぎの　文章から、かたかなで　書く　ことばを三つ　さがして、かたかなに　直して　書きましょう。

一つ5点【15点】

きょうの　ばんごはんは、えびの　ぐらたんと　さらだでした。こっぷの　みずを　のみながら　たべました。

どれも　外国から
来た　ことばだよ。

（　　　）・（　　　）・（　　　）

答え ▶ 87ページ

きほん

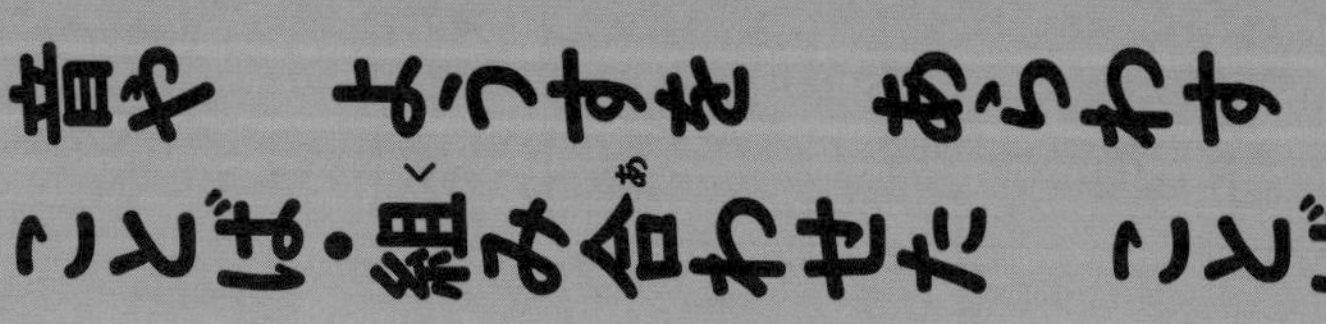

音や ようすを あらわす ことば・組み合わせた ことば

1 つぎの 文で、音を あらわす ことばには ——線を、ようすを あらわす ことばには 〰〰線を、右がわに 引きましょう。（一つの 文に それぞれ 一つずつ あります。）一つ4点【32点】

① ドアを トントン たたき、そっと あけた。

② かえるが ぴょんと とび、ケロケロ 鳴いた。

③ ぐらぐら わいた おゆを ザーッと そそぐ。

④ 水に ドボンと とびこみ、すいすい およぐ。

2 つぎの （ ）に 入る 音や ようすを あらわす ことばを、□から えらんで 書きましょう。一つ4点【12点】

① 赤ちゃんが （　　　） ねむる。

② 友だちが （　　　） ほほえむ。

③ ふえが （　　　）と 鳴る。

にっこり	ピーッ	チャリン	すやすや

3 つぎの　ことばで、組み合わせた　ことばには　○、そうで　ない　ことばには　△を　つけましょう。

一つ4点【24点】

① つくえ（　　）　② 走り回る（　　）

③ ごみばこ（　　）　④ 細長い（　　）

⑤ にんじん（　　）　⑥ ながれる（　　）

4 つぎの　二つの　ことばを　組み合わせて、一つの　ことばを　作りましょう。

一つ4点【12点】

れい　水　＋　てっぽう　→（　水でっぽう　）

① つる　＋　さお　→（　　）

② けす　＋　ゴム　→（　　）

③ おる　＋　たたむ　＋　かさ　→（　　）

5 つぎの　ことばを　二つに　分けて、もとの　形に　直して　書きましょう。

一つ5点【20点】

れい　かなあみ　→（　かね　）＋（　あみ　）

① あまがさ　→（　　）＋（　　）

② 書きおわる　→（　　）＋（　　）

答え ▶ 88ページ

きほん

10 はんたいの いみの ことば・にた いみの ことば

もくひょう 20分

月　日

とく点　　点

1 つぎの ――線と はんたいの いみの ことばを、かん字と ひらがなで 書きましょう。　一つ6点【24点】

① 学校から 家まで 遠い。↕（　　　）

② おやつが 少ない。↕（　　　）

③ えんぴつが みじかい。↕（　　　）

④ へやの 中が くらい。↕（　　　）

2 つぎの ――線と はんたいの いみの ことばを えらんで、○を つけましょう。　一つ6点【18点】

① 先生は やさしい。
ア（　）むずかしい
イ（　）こわい

② ねだんが 高い。
ア（　）ひくい
イ（　）やすい

③ お茶が あつい。
ア（　）うすい
イ（　）さむい
ウ（　）つめたい

3 はんたいの　いみの　ことばの　組に　なるように、□に　合う　ことばを　かん字で　書きましょう。　一つ7点【28点】

① 天 ↔ □

② □ ↔ 右

③ 内 ↔ □

④ □ ↔ 子

4 つぎの　――線と　にた　いみの　ことばを、□から　えらんで　（　）に　書きましょう。　一つ6点【30点】

① 大きい　犬が　こわい。＝（　　）

② きれいな　花を　見る。＝（　　）

③ ソファーに　すわる。＝（　　）

④ 友だちと　話す。＝（　　）

⑤ ジュースが　おいしい。＝（　　）

こしかける　ながめる　おそろしい　たずねる　しゃべる　うまい

――の　ことばに　おきかえて、文の　いみが　かわらないか、たしかめよう。

答え ▶ 88ページ

11 ことば①

実力アップ

もくひょう 20分

月　日

とく点　　点

1 二つの ことばを 組み合わせて、一つの ことばに します。それぞれの □ に 合う ことばを 書きましょう。 一つ5点【20点】

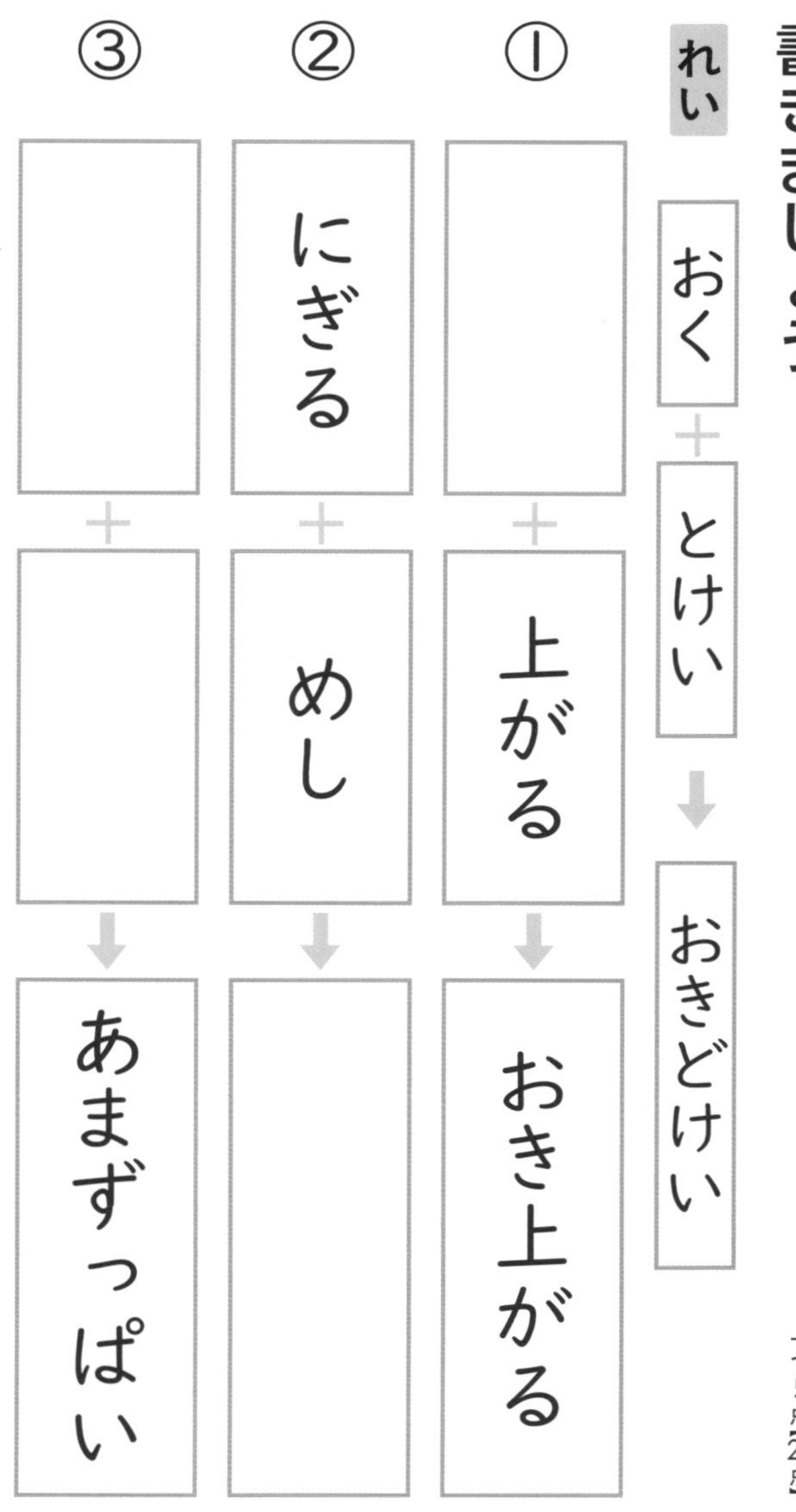

れい　おく ＋ とけい → おきどけい

① □ ＋ 上がる → おき上がる

② にぎる ＋ めし → □

③ □ ＋ □ → あまずっぱい

2 つぎの 文に 合う ほうの 音や ようすを あらわす ことばを、○で かこみましょう。 一つ5点【20点】

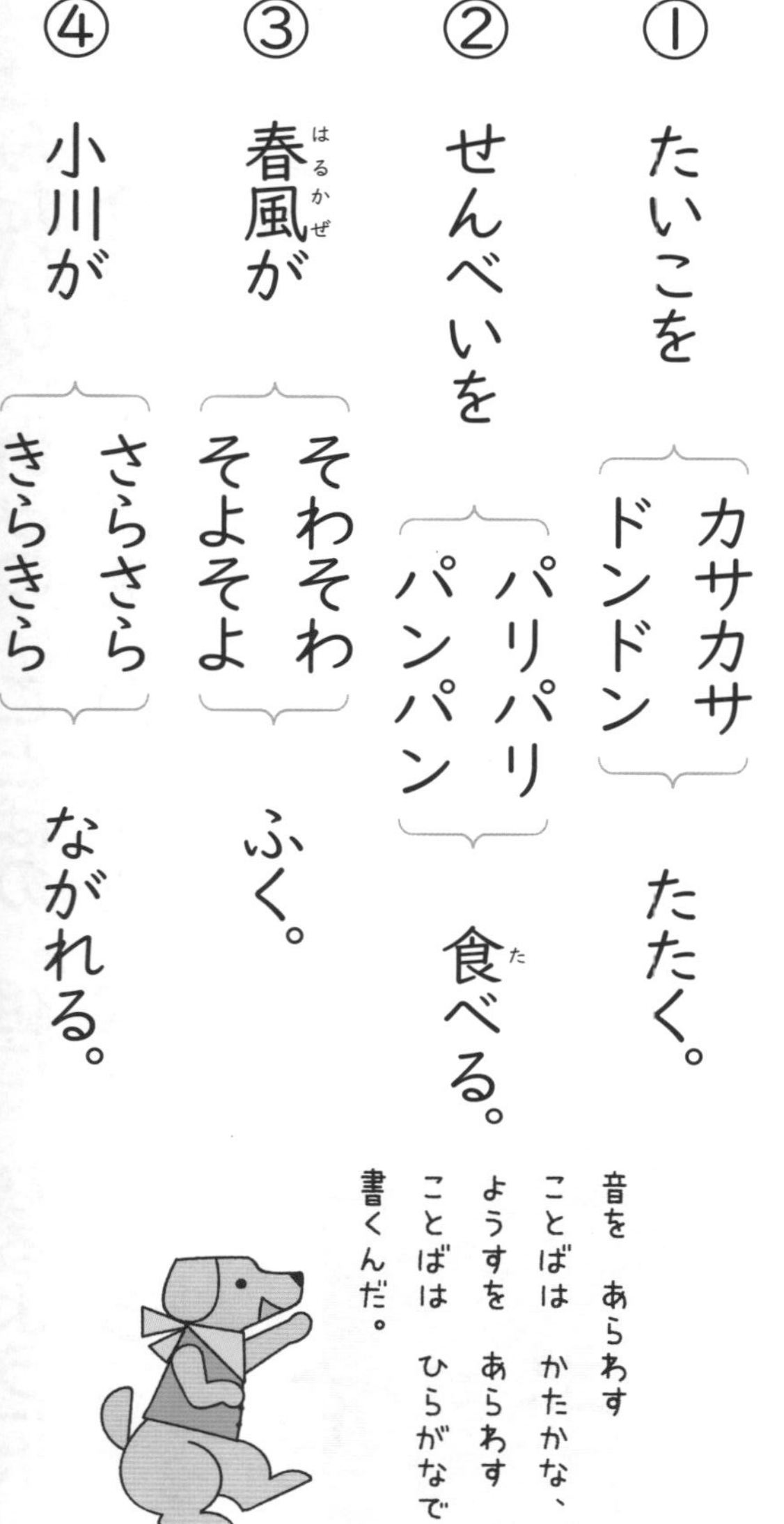

① たいこを ｛カサカサ／ドンドン｝ たたく。

② せんべいを ｛パリパリ／パンパン｝ 食べる。

③ 春風が ｛そわそわ／そよそよ｝ ふく。

④ 小川が ｛さらさら／きらきら｝ ながれる。

3 上の　ことばと　にた　いみの　ことばを　下から　えらんで、——線で　むすびましょう。　一つ5点【25点】

① 夜明け　・		・ ア　くらし
② ちょう上　・		・ イ　昼すぎ
③ 生活　・		・ ウ　学習
④ 午後　・		・ エ　明け方
⑤ 勉強　・		・ オ　てっぺん

4 つぎの　□の　ことばを、①〜④に　分けて、かたかなに　直して　書きましょう。　一つ5点【20点】

いんど　ぽちゃん　ちゅんちゅん　はんばあぐ

① どうぶつの　鳴き声。（　　　）

② ものの　音。（　　　）

③ 外国から　来た　ことば。（　　　）

④ 外国の　国の　名前。（　　　）

5 つぎの　ことばと　はんたいの　いみの　ことばを、かん字と　ひらがなで　書きましょう。　一つ5点【15点】

① 買う（　　　）　② 強い（　　　）　③ 細い（　　　）

答え ▶ 88ページ

12 丸(。)・点(、)・かぎ(「　」) きほん

もくひょう 20分

月　日

とく点　　点

1 つぎの 文章が 正しい 書き方に なるように、□に 丸(。)か 点(、)を つけましょう。 【一つ6点〔36点〕】

きのう□① お母さんと スーパーへ
行った□② 魚と 肉と□③ 野さいを
買った□④ その 後□⑤ 図書かんで
本を かりて 家に 帰った□⑥

点は 文章が 読みやすく なるように 入れるよ。

2 つぎの 文を 〈 〉に 合うように、それぞれ 書き直しましょう。 【一つ8点〔24点〕】

① 外が くらく なったので 雨戸を しめた。〈読みやすく なるように、点(、)を 一つ 入れる。〉

(　　　　　　　　　　)

② 広場に 行った 友だちと サッカーを した 〈二つの 文に なるように、丸(。)を 二つ 入れる。〉

(　　　　　　　　　　)

③ やったあ。と 思った。〈かぎ(「　」)を 入れる。〉

(　　　　　　　　　　)

3 つぎの　文を、①・②の　いみに　なるように、点（、）を　一つ　入れて　書き直しましょう。

一つ10点【20点】

わたしは弟とお父さんをえきまでむかえに行った。

①「わたしと　弟が　えきまで　むかえに行った。」と　いう　いみ。

②「わたしだけが　えきまで　むかえに行った。」と　いう　いみ。

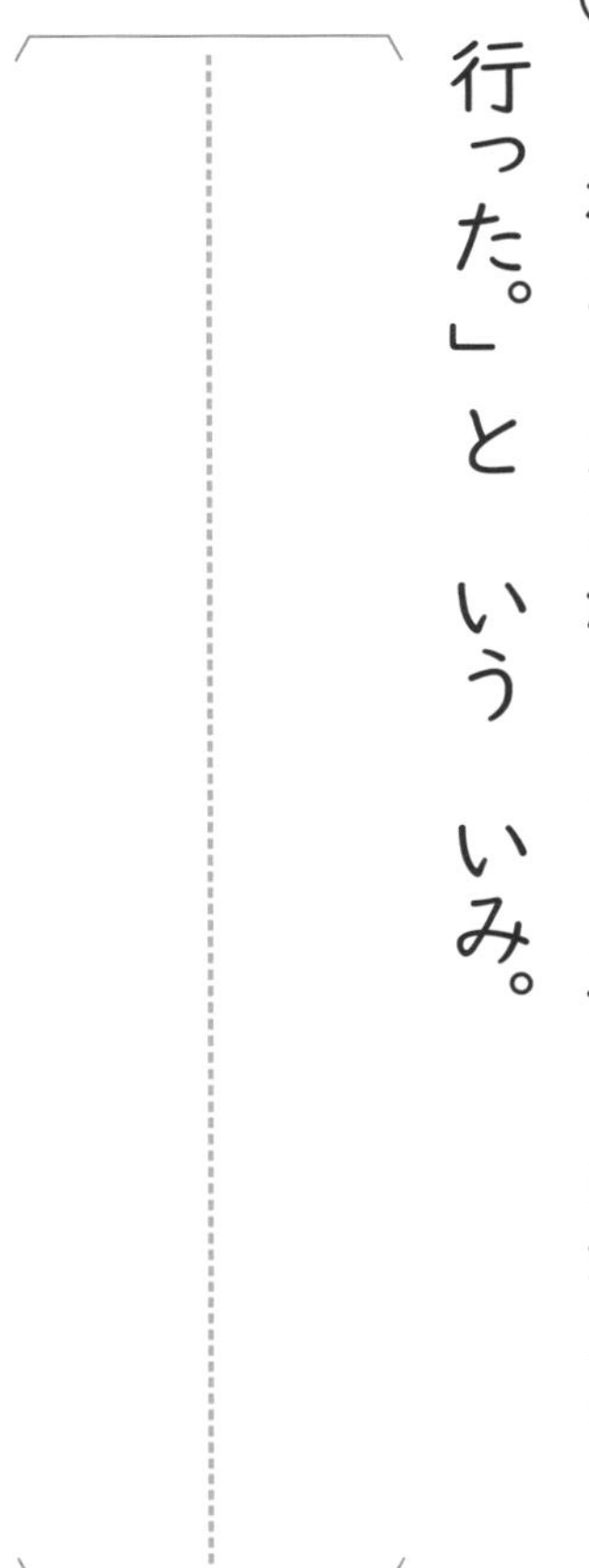

点　一つで　いみが　ちがう　文に　なるんだね！

4 つぎの　文章が　正しい　書き方に　なるように、丸（。）と　かぎ（「　」）を　つけましょう。

ぜんぶ　できて【20点】

きのう、家の　前の　道を
ほうきで　はきました　となり
の　家の　おばさんに、
えらいわね　ありがとう
と　言われました　きれいに
なって、すっきりしました

話した　ことばは「　」に　入れるよ。

答え ▶ 88ページ

13 きほん 文の 組み立て

もくひょう 20分

月　日　とく点　点

1 つぎの 文は、ア〜ウの どの 形に 当たりますか。□から えらんで、記号で 答えましょう。 一つ5点【15点】

① ぼくが 食べる。 □

② ぼくは 二年生だ。 □

③ ぼくは 楽しい。 □

ア だれが（は） どう する。
イ だれが（は） どんなだ。
ウ だれが（は） なんだ。

「何が（は）」「だれが（は）」に 当たる ことばを 主語、「どう する」「どんなだ」「なんだ」に 当たる ことばを じゅつ語と いうよ。

2 つぎの 文で、主語には ——線を、じゅつ語には 〰〰線を、右がわに 引きましょう。 りょうほう できて 一つ5点【20点】

① 大きな 白い 犬が 野原を 走り回る。

② わたしの 兄は 中学校の せいと会長だ。

③ にわの ばらの 花が とても きれいだ。

④ 帰って きた 妹は 水を 一ぱい のんだ。

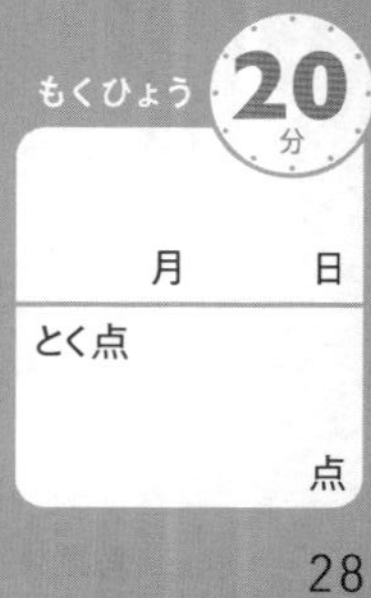

3 ――線の　ことばを　くわしく　して　いる　ことばを、書きましょう。

一つ5点【20点】

① シチューが　ぐつぐつ　にえる。（　　）

② 大きな　雲が　空に　うかぶ。（　　）

③ 黒い　ねこが　すばやく　歩く。（　　）

④ 姉が　細い　ペンを　くれた。（　　）

4 ――線の　ことばは、［　］の　どれに　当たりますか。記号で　答えましょう。

一つ5点【45点】

① ベランダで（　）　のんびり（　）　日なたぼっこする。

② 先月、（　）　店で　半そでの（　）　シャツを　買った。

③ 明るい（　）　音楽に　合わせて　元気に（　）　おどる。

④ きのう、（　）　えきで（　）　新しい（　）　電車を　見た。

ア　いつ　　イ　どこで
ウ　どんな　　エ　どのように

答え ▶ 89ページ

14 きほん 文と 文を つなぐ ことば

もくひょう 20分

月　日

とく点　　点

1 （　）に 入る ことばを、□から えらんで 書きましょう。　一つ8点【24点】

① 本を 読んだ。（　　　）、おもしろかった。

② 本を 読んだ。（　　　）、えい画も 見た。

③ 本を 読んだ。（　　　）、つまらなかった。

さらに　なぜなら　すると　でも

2 文の つながりを 考えて、合う ほうの ことばを ◯で かこみましょう。　一つ8点【32点】

① がんばった。{だから／しかし}、うまく いった。

② 海へ 行くか。{そのうえ／それとも}、山へ 行くか。

③ いい 天気だ。{けれど／すると}、少し さむい。

④ えい画が おわった。{でも／さて}、家に 帰るか。

3 ——線の　ことばに　つづく　文と　して、正しい　ほうに　○を　つけましょう。　一つ8点【24点】

① しばらく　れんしゅうを　つづけた。すると、
- ア（　　）さか上がりが　できなく　なった。
- イ（　　）さか上がりが　できるように　なった。

② 今日（きょう）は　一日　出かけて　つかれた。だから、
- ア（　　）いつもより　早く　ねる　ことに　した。
- イ（　　）いつもより　おそくまで　おきて　いた。

③ 家（いえ）を　出るのが　少し（すこし）　おくれた。けれども、
- ア（　　）まち合（あ）わせ時間（じかん）に　間（ま）に　合（あ）わなかった。
- イ（　　）まち合わせ時間に　間に　合った。

4 ①・②の　ことばを　つかって、絵（え）に　合う　文を　作（つく）りましょう。　一つ10点【20点】

① それから

しゅくだいを　おわらせた。

② それとも

家で　ゲームを　しようか。

答え ▶ 89ページ

15 実力アップ ことば②

1 つぎの 組み立ての 文に なるように、□の ことばを ならべかえて 書きましょう。 一つ12点【24点】

① いつ―だれが―どこで―どう する。

ころんだ かいだんで きのう 弟が

(　　　　　　　　　　)

② どんな―何が―どのように―どう する。

りんごが どっさり なった まっかな

(　　　　　　　　　　)

2 つぎの 会話文に 合う 文と 文を つなぐ ことばを { }から えらんで、◯で かこみましょう。 一つ8点【16点】

わたし「この 赤い スカートが いいかな。
①{ それから それとも } あっちの
青い ほうが いいかな。」
お母さん「どちらも やめた ほうが
いいよ。②{ なぜなら けれども }
少し サイズが 小さいみたいだからね。」

3 つぎの　文章が　正しい　書き方に　なるように、□に　丸(。)・点(、)・かぎ(「　」)を　つけましょう。

一つ4点【28点】

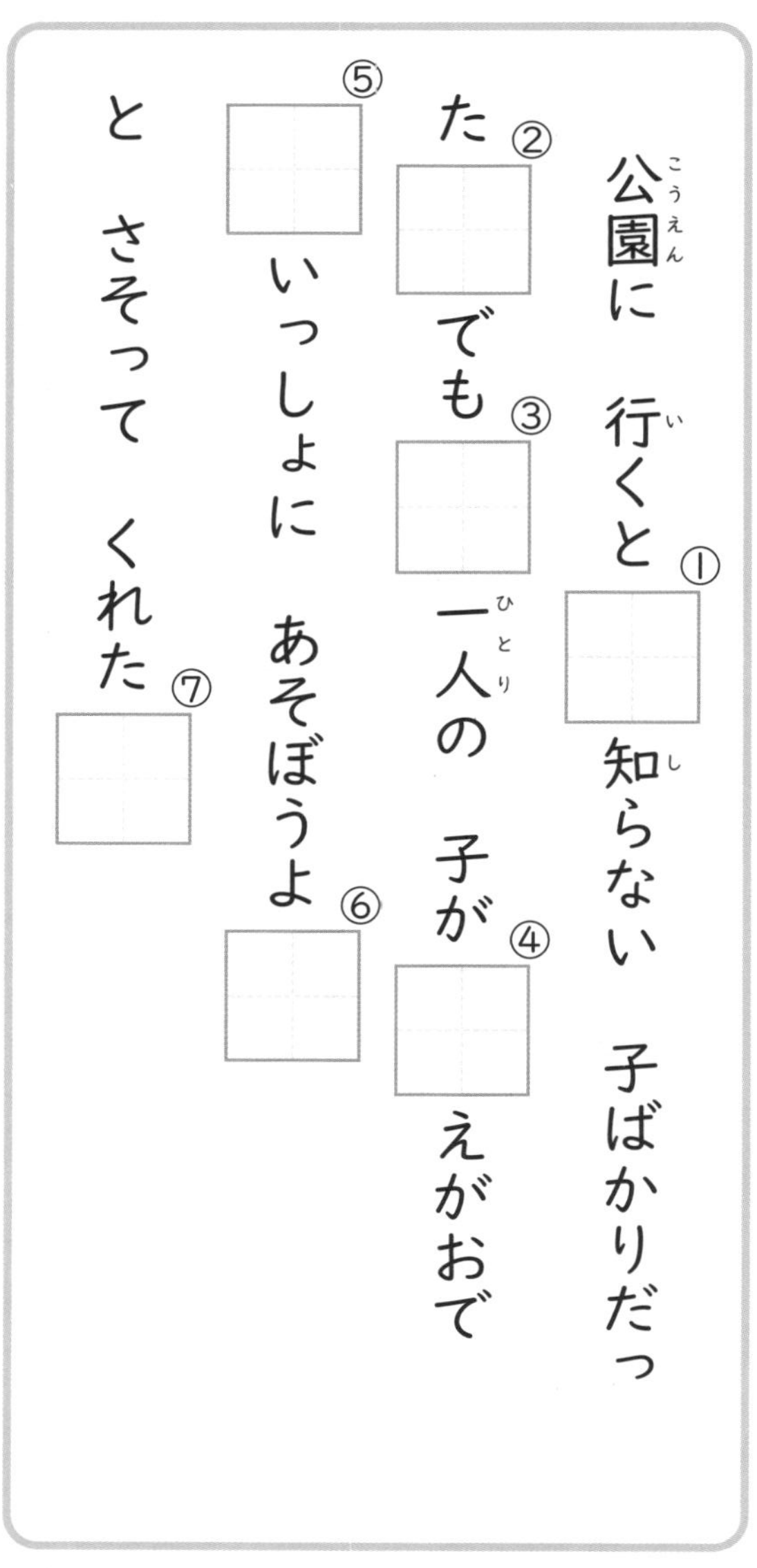

4 (　)に　入る　ことばを、□から　えらんで　書きましょう。

一つ8点【32点】

① すっきり　目が　さめた。(　　　)、きのう　早く　ねたからだ。

② そうじきを　かけた。(　　　)、ぞうきんで　ゆかを　ふいた。

③ 雨だった。(　　　)、しあいを　はじめた。

④ いい　天気だね。(　　　)、今　何時かな。

けれども　それから　なぜなら　ところで

答え ▶ 89ページ

16 きほん 「だれが 何を どう する」を 読みとろう①

もくひょう 20分

月　日

とく点　　点

■ つぎの 文章を 読んで、もんだいに 答えましょう。

きつねと かにが、野原で 会いました。

「かにくん、むこうの 山の ふもとまで きょうそうしないか。どちらが はやいか きめよう。」

「わかりました。では、はじめましょう。」

ようい ドン。きつねは、走り出しました。ところが、その とき、かには きつねの しっぽに ぴょんと とびつき、しがみついたのです。

きつねは、ビュンビュン 走りました。そして、山の ふもとに つきました。後ろを ふりむくと、かにの すがたは、どこにも 見当たりません。

「おうい、かにくん。早く おいでよ。ぼくは、とっくに ついて いるよ。」

すると、近くで かにの 声が しました。

「きつねくん、ぼくは もっと 前に ついて いましたよ。」

きつねは、おどろきました。自分より ずっと 後ろに いると 思って いた かにが、目の 前に いたからです。

① だれと だれが、何を したのですか。 一つ10点【30点】

・（　　　　）と（　　　　）が、

（　　　　）を した。

② ▢の とき、きつねは どう 思(おも)いましたか。一(ひと)つに ○を つけましょう。 【20点】

ア（　） かにくんが、しっぽに いないぞ。

イ（　） きょうそうは、かにくんに まけたな。

ウ（　） きょうそうは、かにくんに かったぞ。

③ きつねが おどろいたのは、なぜですか。 一つ10点【20点】

・（　　　　）が、（　　　　）の

目の 前(まえ)に いたから。

④ かにが きつねに かったのは、なぜですか。 一つ10点【30点】

・（　　　　）が（　　　　）の

（　　　　）に

しがみついて いたから。

かには、どんな ちえを はたらかせたのかな。

答え ▶ 90ページ

17 「だれが 何を どう する」を 読みとろう②

きほん

もくひょう 20分

月　日

とく点　　点

■ つぎの 文章を 読んで、もんだいに 答えましょう。

ライオンは、昼ねを して いました。そこへ ねずみが やって きて、ライオンの 体の 上を うごき回りました。

目を さました ライオンは、ねずみを つかまえて、食べようと しました。すると、ねずみは 言いました。

「どうか たすけて ください。後で、きっと おんがえしを しますから。」

「ちっぽけな ねずみが、この わしに どう やって おんがえしを するのだ。ワハハハハ。」

ライオンは わらいましたが、あわれに 思って、ねずみを にがして やりました。

それから しばらく して、ライオンは 人間に とらえられ、木に つなで しばられて いました。それを 見た ねずみは、つなを かみきって、ライオンを たすけました。

「どうです、ライオンさん。ちっぽけな ねずみでも、ちゃんと おんがえしが できるんですよ。」

「ありがとう。ねずみくん。［　　　　］」

＊おんがえし…人から 親切に された ことに たいして、おかえしする こと。

① 昼ねを　して　いたのは、だれですか。【20点】

（　　　　　　）

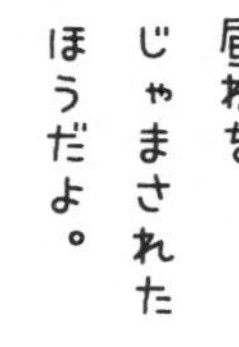

② ねずみが　ライオンに、「どうか　たすけて　ください。」と　言(い)ったのは、なぜですか。一つ20点【40点】

（　　　　　　）を（　　　　　　）が、食(た)べようと　したから。

③ ▒▒から　わかる　ライオンの　考(かんが)えは、どれですか。一つに　○を　つけましょう。【20点】

ア（　）ねずみでも、おんがえしが　できるな。

イ（　）ねずみには、おんがえしなんか　できる　はずが　ないよ。

ウ（　）ねずみでも、おんがえしが　できるかも　しれないな。

④ □に　当(あ)てはまる　ことばは、どれですか。一つに　○を　つけましょう。【20点】

ア（　）あの　とき、きみを　わらって　ごめんね。

イ（　）たすけられるなんて、はずかしいよ。

ウ（　）おれは、にげる　ことが　できたんだ。

答え ▶ 90ページ

18 人ぶつの　気もちを　読みとろう①

きほん

■ つぎの　文章を　読んで、もんだいに　答えましょう。

　まやは、ほんとに、ぼろぼろの　犬でした。歩くのも、よたよたして　います。足が　わるいのです。左の　目も、見えません。どろんと、白く　にごって　いるのです。せなかの　毛も、はげちょろけです。

　まやは、もう、年を　とって、こんな　犬に　なって　しまったのです。

　けれど、はなこは、まやが　すきでした。はなこが、外に　出ると、くんくん　あまえながら、いつも　ついて　くるのです。

「まあ、きたない　犬ね。」

と、よその　おばさんは　言うのです。その　たびに、はなこは、はずかしい　思いを　するのでした。

　だから、まやを　つれて　歩く　ことは、きらいでした。

　ある　日、はなこは、いとこの　家に、おつかいに　いきました。まやが、ついて　きました。

「しっ　しっ、お帰り。」

と、はなこが　しかっても、まやは　ついて　きます。

（椋鳩十「まやとはなこ」『椋鳩十学年別童話　お月さまの見たどうぶつえん』〈一部改〉〈理論社〉より）

① つぎの 文で、まやの ようすに 合う もの四つに、○を つけましょう。 一つ10点【40点】

ア（　） 年を とって、ぼろぼろな 犬。
イ（　） しっかり 歩く。
ウ（　） よたよた 歩く。
エ（　） 右の 目が、見えない。
オ（　） 左の 目が、白く にごって いる。
カ（　） おなかの 毛が、はげて いる。
キ（　） せなかの 毛が、はげて いる。

年を とった ようすを つかもう。

② はなこが まやを すきなのは、なぜですか。 一つ15点【30点】

・はなこが 外に 出ると、まやが くんくん（　　　　）、いつも（　　　　）くるから。

③ はなこが 「まやを つれて 歩く こと」が きらいなのは、なぜですか。 一つ15点【30点】

・まやが（　　　　）と 言われる たびに、（　　　　）を するから。

答え ▶ 90ページ

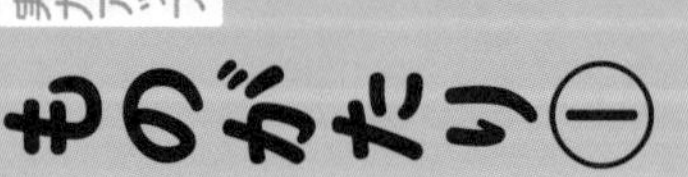

19 実力アップ ものがたり①

もくひょう 20分　月　日　とく点　点

■ つぎの　文章を　読んで、もんだいに　答えましょう。

（はなこは、いとこの　家に　おつかいに　行きました。いとこと　たくさん　あそんで、自分の　家に　帰る　時間に　なりました。）

あたりは、はたけと　林ばかりです。どんどん　くらく　なって　いきます。

むこうの　林で、ふくろうが、ほーほーと　鳴き出しました。どこを　見ても、明かりも　見えません。

はなこは、こわく　なりました。

「もっと　早く　帰れば　よかったなあ。」

と、思いました。

はなこは、べそを　かきました。

と、くんくん　いいながら、はなこの　手を　なめたものが　あります。まやです。はなこは、まやの　ことを　わすれて　いたのです。

けれど　まやは、いとこの　家の　ゆか下で、そっとはなこを　まって　いたのです。

「まやと　いっしょだ。」

と　思うと、はなこは　ほっと　しました。

「おお、まや。」

ぼろぼろの　まやを　だいて、はなこは　ほおずりをしました。

（椋鳩十「まやとはなこ」『椋鳩十学年別童話　お月さまの見たどうぶつえん』（一部改）〈理論社〉より）

① 「はなこは、こわく なりました」と ありますが、それは なぜですか。 一つ15点【30点】

・（　　　　）を 見ても、（　　　　）が 見えなかったから。

② まやは、どこで はなこを まって いたのですか。 一つ15点【30点】

・（　　　　）の 家の（　　　　）。

③ □から、はなこは どんな 気もちだったと 思いますか。一つに ○を つけましょう。 【20点】

ア（　） ぼろぼろの まやが かわいそう。

イ（　） まや、よく まって いて くれたね。

ウ（　） まや、どうして 家に 帰らなかったの。

④ はなこの 気もちや、ようすの うつりかわりの じゅんに、（　）に 番号を 書きましょう。 ぜんぶ できて【20点】

ア（　） もっと 早く 帰れば よかったなあ。

イ（　） べそを かいた。

ウ（　） こわく なった。

エ（　） ほっと した。

はなこの 気もちを かえたのは、まやだね。

答え ▶ 90ページ

20 きほん 場めんの　ようすを 読みとろう①

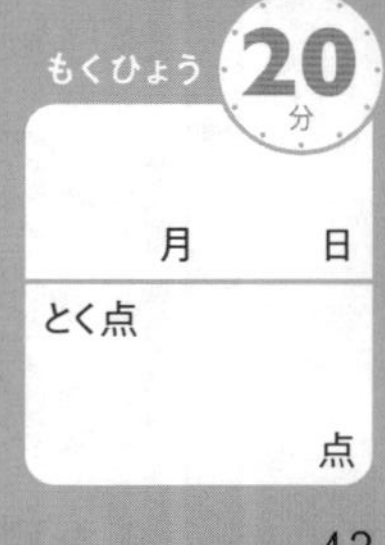

もくひょう 20分

月　日

とく点　　点

■ つぎの　文章を　読んで、もんだいに 答えましょう。

（むかし、まずしい　じいさまと　ばあさまが　いた。ある日、ふろに　入って、おとした　＊こんびで、人形を　作り、「こんび太郎」と　名づけた。）

　こんび太郎は、わしわしと　よく　食って、食えば　食うだけ　大きく　なった。だが、どう　した　ことか、ほぎゃあとも　言わず、ねた　まんまで　あった。

㋐そのまんま、何年も　すぎたが、㋑ある日、とつぜん 口を　きいた。

「なあ、おらに、＊百かん目の　金ぼうを　作って　けれ。」

　じいさまは　びっくりして、

「だども、まだ　足こしも　立たねえ　くせして、どう　する　つもりだ。」

「だからよ、そいつで　つっぱって、立って　みるんじゃ。」

　それならばと、じいさまは、むりに　むりを　して、金ぼうを　たのんで　やった。できあがった　金ぼうは、十人の　＊わかいしゅが、やっとこ　すっとこ　かついで　とどけた。

　こんび太郎は、それを　つえに、えいえいおうと　立ち上がり、やあああっと、せのびした。と、もっこら　むっくらと　せいが　のびて、見上げるような　でかい　わかものに　なった。

（今江祥智「力太郎」『心にのこる　2年生の読みもの』〈学校図書〉より）

＊こんび…あか　＊百かん目…やく　三百七十五キログラム。　＊わかいしゅ…わかい　男の　人。

① 「そのまんま」と　ありますが、こんび太郎は　どんな　ようすの　まま　何年も　すごしたのですか。一つ　えらんで、○を　つけましょう。【20点】

ア（　）作った　ときと　同じ　大きさの　まま。

イ（　）何も　食べず、立った　まま。

ウ（　）何も　言わず、ねた　まま。

② こんび太郎が、㋑「ある日、とつぜん　口を　きいた」後の　場めんの　ようすの　じゅんに、番号を　つけましょう。ぜんぶ　できて【30点】

ア（　）じいさまが　金ぼうを　たのんだ。

イ（　）十人の　わかいしゅが、金ぼうを　かついで　とどけた。

ウ（　）こんび太郎が　金ぼうを　ほしがった。

③ こんび太郎は、金ぼうを　どんな　ことに　つかいたいと　言いましたか。一つ15点【30点】

・（　　　）に　して　つっぱって、（　　　）こと。

④ せいが　のびる　ようすを　あらわす　ことばを、書き出しましょう。【20点】

（　　　）

答え ▶ 90ページ

21 場めんの ようすを 読みとろう②

きほん

もくひょう 20分

月　日

とく点　　点

■ つぎの 文章を 読んで、もんだいに 答えましょう。

（こんび太郎は 大きく なって、「力太郎」と 名を かえた。そして、みどうっこ太郎と なかまに なって、たびを はじめた。）

今度は ふたりして、のっしじゃん、のっしじゃんが 行くと、むこうから、大きな 石を ごんごろ、ごんごろ、ころがして くる ものが おる。あやあ、あの まんまじゃ、ほかの ものに ぶつかるがと 思うて いると、㋐男は、その 大石を 力太郎に むかって、ずんと ころがして きた。

力太郎は、金ぼうで がちんと うけ止め、

「これ、いたずらすんなって。」

言いながら、つんと けると、石は、男に まともに ぶつかった。男は、㋑おこったの なんのって。

「おらの ことを、日本一の 力もち、石こ太郎と 知って やった ことか。」

言うなり、体ごと とんで 出て、つかみかかろうと するので、みどうっこ太郎が ずいと すすみ出た。㋒二人は がっきと 組み合い、もみおうたが、なっかなか かちまけが きまらん。力太郎は、㋓見て いる うちに じりじりして きた。

〈今江祥智「力太郎」『心にのこる2年生の読みもの』〈学校図書〉より〉

① 「男」は、どのように して むこうから きましたか。【20点】

・（　　　　　　）きた。

② 力太郎は、男が ころがして きた 大石を どう しましたか。一つ10点【30点】

・（　　　　）で がちんと （　　　　）、つんと （　　　　）。

③ 男が ㋑「おこった」のは、なぜですか。【20点】

（　　　　　　　　　　）

④ ㋒「二人」に 当てはまらない 人ぶつに ○を つけましょう。【15点】

ア（　）石こ太郎　　イ（　）みどうっこ太郎

ウ（　）力太郎

⑤ 力太郎が ㋓「見て いる うちに じりじりして きた」のは、なぜですか。【15点】

・なかなか（　　　　）が きまらないから。

答え ▶ 91ページ

きほん

22 人ぶつの 気もちを 読みとろう②

■ つぎの 文章を 読んで、もんだいに 答えましょう。

（おじいさんの 店で たこを 買った 子だぬきは、わなに かかりそうに なって、たこを おいて にげた。それを 知った おじいさんは、かわいそうに 思って、新しい たこを 作って やった。）

「さあ できた。子だぬきの やつ、大よろこびするに ちがいないぞ。」

おじいさんは、㋐たこを かついで、とことこと 山へ のぼって いきました。

ところが、㋑どんなに さがしても、子だぬきは 見つかりませんでした。あなぐらが あると、おじいさんは、一つ 一つ、中を のぞきこんで みました。

「おうい、新しい たこを もって きて やったぞう。」

そんな ふうに、大声で よんでも みました。でも、やはり、子だぬきは すがたを 見せませんでした。

「しかたが ない。㋒たこは、このまま 山へ おいといて やると しよう。そのうち、子だぬきの やつが 見つけるかも しれんからな。」

そう 考えて、おじいさんは、たこを 木の えだに くくりつけると、日ぐれの せまった ㋓山道を とぼと ぼと 下りはじめました。

（小沢正『こだぬきと やっこだこ』〈フレーベル館〉より）

①　おじいさんは、新しい　「たこ」を　あげたら、子だぬきが　どう　思(おも)うと　考(かんが)えましたか。【20点】

おじいさんの　ことばに　注目(ちゅうもく)してね！

②　――線(せん)㋑と　ありますが、おじいさんが　のぞきこんで　みたのは、どこですか。【20点】

（　　　　　）

③　――線㋒と　ありますが、たこを　どのように　して　山に　おいて　きたのですか。【一つ20点【40点】】

・（何(なに)　　　　）に（どう　した　　　　）。

④　㋓「山道(やまみち)を　とぼとぼと　下りはじめ」た　ときの　おじいさんの　気もちに、○を　つけましょう。【20点】

ア（　）たこを　山に　おいて　こられて　ほっと　する　気もち。

イ（　）子だぬきに　とうとう　会(あ)えず　がっかり　する　気もち。

ウ（　）日が　くれて　さびしい　気もち。

答え ▶ 91ページ

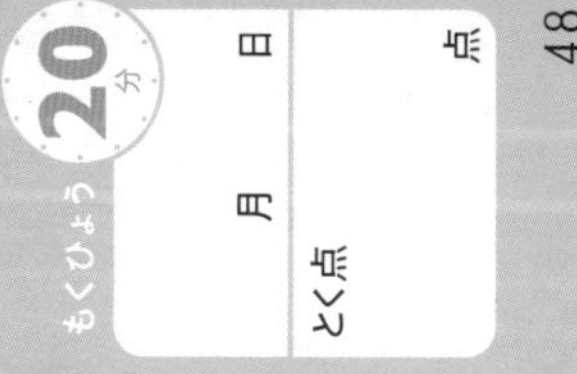

■ つぎの 文章を 読んで、 もんだいに 答えましょう。

（おじいさんが、山へ たこを おいて きた つぎの 日から、雪が ふり出した。おじいさんは、たこは だめに なって しまっただろうと 思った。そして、子だぬきの ことを しんぱいして いた。）

何日か たって、ようやく、ふりつづいて いた 雪が やみ、青空が 広がりました。道も はたけも、見わたす かぎり 雪で まっ白。

「今の うちに、雪下ろしを して おくと するかな。」

おじいさんは、やねへ のぼると、せっせと 雪下ろしを はじめました。

㋐その とき、おじいさんは 気が つきました。遠くの 山かげから、たこが 一つ、するすると のぼりはじめたのです。

たこは、まっさおに 晴れた 空へ うかびあがると、ゆらゆら しっぽを ふりはじめました。

「そうか そうか。子だぬきの やつ、木の えだの たこに 気が ついたんだな。子だぬきも たこも、ぶじで いて くれて、ほんとに よかった。」

おじいさんは、そんな ことを 考えながら、空に うかんだ たこを、㋑いつまでも いつまでも ながめつづけて いました。

（小沢正『こだぬきと やっこだこ』〈フレーベル館〉より）

① 雪が　やんだ　後の　けしきの　ようすを、一文で書き出しましょう。【20点】

（　　　　）

② ㋐「その　とき」とは、おじいさんが　何を　して　いた　ときですか。【20点】

（　　　　）

③ ㋐「その　とき」、(1)たこは　どこから　のぼりはじめましたか。また、(2)うかびあがった　たこは、どう　しましたか。それぞれ　答えましょう。一つ20点【40点】

(1)（　　　　）

(2)（　　　　）

④ たこを　㋑「いつまでも　いつまでも　ながめつづけて」いた　ときの　おじいさんの　気もちに、○を　つけましょう。【20点】

ア（　）なつかしい　気もち。
イ（　）さびしい　気もち。
ウ（　）うれしい　気もち。

答え ▶ 91ページ

24 きほん 何の せつめいかを 読みとろう

もくひょう 20分

月　日

とく点　　点

■ つぎの 文章を 読んで、もんだいに 答えましょう。

わかばが 青々と しげりだす ころに なると、つばめの すでは、ひなが かえりはじめます。

㋐かえったばかりの ひなは、あかはだか*で、子どもの ゆびの 先ぐらいの 大きさです。目も 耳も あいて いません。

生まれたばかりの そんな 小さな ひなでも、たいへん 食いしんぼうです。目が 見えないので、㋑親鳥が いても いなくても、㋒えさを ほしがって、頭を ふりたて、大きく 口を あけます。親鳥は、かわるがわる 外へ 出かけては、小さな はえや あぶなどを とって きます。そして、親鳥は、ひなの 口の おくふかくに、虫を つっこんで やります。

一つの すには、五、六羽の ひなが います。それが つぎつぎに えさを ほしがるので、お父さん鳥も お母さん鳥も、一日に 何十回も 虫を はこんで こなければ なりません。

＊あかはだか…鳥や けものの 体の 毛が ない ようす。

（内田康夫『フレーベルの科学えほん10 つばめ初版』〈フレーベル館〉より）

① 何に ついて せつめいした 文章ですか。【一つ10点】【20点】

・（　　　）の、（　　　）と 親鳥。

② 「㋐かえったばかりの ひな」は、どのくらいの 大きさですか。【15点】

（　　　　　　）

③ ひなが、「㋑親鳥が いても いなくても」えさを ほしがるのは、なぜですか。【15点】

（　　　　　　）

④ ひなの 「㋒えさ」は、何ですか。【一つ10点】【20点】

・小さな（　　　）や（　　　）など。

⑤ (1)「㋒えさ」は、だれが とって きますか。一つに ○を つけましょう。また、(2)一日に 何回ぐらい はこびますか。【一つ15点】【30点】

(1)
ア（　）お母さん鳥だけが とって くる。
イ（　）お父さん鳥だけが とって くる。
ウ（　）二羽が 交たいで とって くる。

(2) 一日に（　　　）も はこぶ。

答え ▶ 91ページ

25 きほん 正しく 読みとろう①

もくひょう 20分　月　日　とく点　点

■ つぎの 文章を 読んで、もんだいに 答えましょう。

（わかばが しげる ころ、つばめの ひなが かえります。）

ひなたちは、えさを たくさん 食べて、みるみる 大きく なります。三日めぐらいで、羽の もとが ぽつぽつと 出て きます。四日めには、うっすらと 目を あけ、つづいて 耳が あきます。目が よく 見えるように なってからは、親鳥の とんで くる すがたを 見つけると、いっせいに えさを ねだるように なります。

㋐ふんも、はじめは すの 中で 出して しまい、それを 親鳥が 外に すてに いきますが、七日めごろに なると、自分で おしりを すの 外に 出して、ふんを するように なります。

㋑十五日も たてば、羽も 出そろい、顔つきも つばめらしく なります。しきりに 羽ばたきの れんしゅうも はじめます。

㋒すを とびたつのは、二十二、三日めごろです。親鳥が さそう 声を 聞いて、たどたどしく とび出して は、近くの 電線や やねに 止まります。

（内田康夫『フレーベルの科学えほん10 つばめ初版』〈フレーベル館〉より）

① つぎの　ひなの　ようすは、何日めごろですか。数(かず)の　かん字で　答(こた)えましょう。【一つ15点【45点】】

(1) 羽(はね)の　もとが　出て　くる。

(2) うっすらと　目を　あけ、耳が　あく。

(3) 羽が　出そろう。

(1)（　　）　(2)（　　）　(3)（　　）

② ひなの　㋐「ふん」の　しかたは、どのように　かわって　いきますか。【一つ15点【30点】】

・（　　）で　出して　いたのが、おしりを（　　）に　出して　するように　なる。

③ ㋑「十五日」　たつと、ひなは　何(なに)を　はじめますか。【10点】

（　　）

④ ㋒「すを　とびたつ」　ときは、どんな　ようすで　とび出しますか。一つに　○を　つけましょう。【15点】

ア（　）　親鳥(おやどり)の　さそいで、あぶなっかしく。

イ（　）　ほかの　ひなと　たすけ合(あ)いながら。

ウ（　）　ひとりで　元気(げんき)よく。

答え ▶ 91ページ

26 きほん 正しく 読みとろう②

■ つぎの 文章を 読んで、もんだいに 答えましょう。

㋐いちばん かんたんな はしは、大きな 木を 切って きて、それを そのまま 川に わたした もので す。丸木ばしと いいます。せまい 川の 場合は、たいらな 石を わたす ことも ありました。

[　　]、㋑川の はばが 広くて、石も 木も とどかない 場合は こまります。そんな ときは どうしたのでしょうか。

まず、さいしょに、川の 中に、木や 石で 台を いくつか 作ります。つぎに、きしと 台、台と 台との 間を、木や 石で つなぎます。こうして、はしが できあがるのです。

山おくの 谷の ふかい ところでは、台を 作る ことが できません。そこで、おかしの 人は、㋒つりばしを 考えました。きしと きしとの 間に、つるなどを つかって、木の はしを かけたのです。

けれども、大雨や 強い 風の ために、木や 石の 台が こわされて、はしが ながされたり、つりばしが 切れたり する ことが あります。

（「はしの話」平成十六年度版　大阪書籍「小学こくご2下」より）

① 「いちばん　かんたんな　はし」は、何と　いいますか。【10点】

（　　　　　　）

② □に　入る　ことばを　一つ　えらんで、○を　つけましょう。【15点】

ア（　）だから　イ（　）また　ウ（　）でも

③ 「川の……場合」、どのように　はしを　作りましたか。手じゅんどおりに　二つ　書きましょう。一つ15点【30点】

（　　　　　　）

（　　　　　　）

④ 「つりばし」とは、どんな　はしですか。一つ15点【30点】

・（　　　　　　）に、（　　　　　　）などを　つかって　かけた　木の　はし。

⑤ むかしの　人が、「つりばし」を　考えたのは、なぜですか。一つに　○を　つけましょう。【15点】

ア（　）大雨などで、はしが　ながされるから。

イ（　）ふかい　谷では、台が　作れないから。

ウ（　）ほかの　はしより　作りやすいから。

答え ▶ 92ページ

27 実力アップ せつめい文①

もくひょう 20分

月　日

とく点　点

■ つぎの　文章を　読んで、　もんだいに　答えましょう。

人々は、　はしの　形や　ざいりょうなどに　ついて、　いろいろと　くふうを　しました。

石を　じょうずに　組み合わせた、　弓のような　形の　㋐アーチばしも　作られました。㋑つりばしの　つるの　かわりに、　じょうぶな　ワイヤーが　つかわれるように　なりました。

㋒てつと　コンクリートに　よって、　はしが　作られるようにも　なりました。　てつを　三角形に　組み合わせるように　なったのも、　はしを　強く　する　ためです。

そして、　今では　とうとう、　海を　またいで、　りくと　しま、　しまと　しまを　つなぐ、　長くて　大きな　はしまで　作られるように　なりました。　はしの　下を、　大きな　タンカー*が　楽に　通れます。　上は　車が　通り、　下は　電車が　走る、　㋓二かいだての　はしも　できて　います。

©PIXTA

今まで、　船でしか　わたる　ことの　できなかった、　遠く　はなれた　ところへ、　車や　電車で　わたる　ことが　できるように　なったのです。

*タンカー……せきゆなどを　はこぶ　船。

（「はしの話」　平成十六年度版　大阪書籍「小学こくご2下」より）

① 何に ついて せつめいした 文章ですか。 一つ10点【20点】

・（　　　）や（　　　）などを くふうした はし。

② (1)㋐「アーチばし」の ざいりょうと して、何を あげて いますか。また、(2)㋐「アーチばし」は、どんな 形ですか。 一つ15点【30点】

(1)（　　　）　(2)（　　　）

③ 今の ㋑「つりばし」の ざいりょうは、何ですか。【15点】

（　　　）

④ ㋒「てつ」を どのように すると、より 強い はしに なりますか。【15点】

（　　　）

⑤ ㋓「二かいだての はし」の 上と 下を、何が 通って いますか。 一つ10点【20点】

・上……（　　　）

・下……（　　　）

答え ▶ 92ページ

28 きほん じゅんじょよく 読みとろう

もくひょう 20分　月　日　とく点　点

■ つぎの 文章を 読んで、もんだいに 答えましょう。

春の おわりごろ、くろおおありの すの 入り口を、気を つけて 見て みましょう。頭の 小さい、羽の ある ありが、ときどき 体を のり出して いるのが 見られます。もう すぐ、けっこんひこうが はじまるのです。

天気の いい 日の 午後、羽の ある ありが、何十ぴきも すから 出て、いっせいに とび立ちます。大きいのが 女王ありで、小さいのが おすありです。

とび立った 女王ありと おすありは、高い 空の 上で けっこんして、地上に 下りて きます。

地上に 下りた おすありは、すぐに しんで しまいます。女王ありは、用の なくなった 四まいの 羽を、すてて しまいます。

それから、女王ありは、すを 作る 場しょを さがします。そして、土を ほって、入り口も 出口も ない 小さな へやを 作って、十こぐらいの たまごを うみます。

（栗林慧「ありの生活」『2年生の読みもの 親も子も読む名作』〈学校図書〉より）

① 「春の　おわりごろ」、どんな　ありが　どう　して　いる　ようすが　見られますか。【20点】

〔　　　　　〕

② すから　とび立った　ありの　うち、大きい　ほうは、何ありですか。【10点】

（　　　　　）

③ すから　とび立った　ありが、高い　空の　上で　する　ことは、何ですか。【15点】

（　　　　　）

④ おすありは、地上に　下りてから　どう　なりますか。【15点】

（　　　　　）

⑤ 女王ありが　地上に　下りてから　する　ことの　じゅんに、番号を　書きましょう。ぜんぶ　できて【40点】

ア（　　）土の　中に　小さな　へやを　作る。

イ（　　）十こぐらいの　たまごを　うむ。

ウ（　　）四まいの　羽を　すてる。

エ（　　）すを　作る　場しょを　さがす。

答え ▶ 92ページ

きほん

29 だいじな ことを 読みとろう①

もくひょう 20分

月　日

とく点　　点

■ つぎの 文章を 読んで、もんだいに 答えましょう。

1 女王ありは、すを 作る 場しょを さがします。そして、土を ほって、入り口も 出口も ない 小さなへやを 作って、十こぐらいの ㋐たまごを うみます。
2 たまごから ＊よう虫が かえり、よう虫が ＊さなぎに なり、さいしょの はたらきありが 生まれるまで、二か月ぐらい かかります。それまで、女王ありは、何も 食べないで せわを するのです。

3 夏に なると、はたらきありが、つぎつぎに 生まれて きます。生まれたばかりの はたらきありは、しばらく 休むと、すぐに はたらきはじめます。
4 さいしょの しごとは、トンネル作りです。その トンネルを 通って、地上に 出るのです。㋑それが おわると、す作りや えさざがしです。
5 これからは、たまごや よう虫の せわも、女王ありに かわって、はたらきありが するのです。

＊よう虫…虫が 子どもの ときの よび名。
＊さなぎ…虫が よう虫から 大人に なる とちゅうで、何も 食べずに じっと して いる ときの よび名。

（栗林慧「ありの生活」『2年生の読みもの 親も子も読む名作』〈学校図書〉より）

① 「たまご」は、どんな じゅんで そだちますか。 一つ10点【20点】

・たまご → (1)（　　　　） → (2)（　　　　） → はたらきあり

② (1)たまごから はたらきありに なるまで、どのくらい かかりますか。(2)はたらきありが 生まれて くる きせつは、いつですか。 一つ15点【30点】

(1)（　　　　） (2)（　　　　）

③ 生まれたばかりの はたらきありが はたらきはじめるのは、どんな ことを してからですか。 【15点】

（　　　　）

④ ㋑「それ」とは、何を さして いますか。六字で 書きましょう。 【20点】

⑤ [4]・[5]の まとまりに 書いて ある ことを 一つ えらんで、○を つけましょう。 【15点】

ア（　） はたらきありの たん生。
イ（　） はたらきありの しごと。
ウ（　） はたらきありの 食べもの。

答え ▶ 92ページ

30 だいじな ことを 読みとろう②

きほん

もくひょう 20分

月　日

とく点　点

■ つぎの 文章を 読んで、もんだいに 答えましょう。

（どうして えんぴつで 文字を 書く ことが できるのでしょうか。）

1 2Bと HB、2Hの 三本の えんぴつを ようい して しらべて みる ことに しました。

2 三本の えんぴつを 同じように けずって、「花」と いう 字を 書いて みました。しんの 太さは、あまり ちがいが ないのに、2Bで 書いたのが いちばん こく、2Hで 書いた ものが、うすく なりました。

3 どうして 字の こさが ちがったのでしょう。

4 えんぴつの しんは、黒い *こくえんと いう ものを 細かく くだいて こなに して、ねん土と まぜ合わせて、高い おんどで やいて 作ります。

5 こくえんと ねん土を まぜる とき、こくえんの りょうが 多い しんほど、こい 字を 書く ことが できます。

6 ねん土は、こくえんの 細かな つぶを かためる はたらきを して いて、ねん土を たくさん まぜると、かたい しんと なり、うすい 字を 書く ことが できるのです。

*こくえん…地中から とれる もの。黒くて やわらかい。

（「えんぴつのひみつ」平成十六年度版 日本書籍「小学国語2下」より）

① 「2Bと　HB、2H」の　えんぴつの　うち、二番めに　こく　書ける　ものは、どれですか。【15点】

(　　　　)

② 4の　まとまりに　書いて　ある　ことに、○を　つけましょう。【15点】

ア(　) えんぴつの　しんの　太さに　ついて。

イ(　) えんぴつの　しんの　こさに　ついて。

ウ(　) えんぴつの　しんの　作り方に　ついて。

③ (1)こく　書ける　しんと、(2)うすく　書ける　しんに、たくさん　入って　いる　ものを、それぞれ　書きましょう。一つ15点【30点】

(1)(　　　　)

(2)(　　　　)

④ こくえんに　まぜる　ねん土は、(1)どんな　はたらきを　して　いますか。(2)たくさん　まぜると、しんの　かたさは　どう　なりますか。一つ20点【40点】

(1)(　　　　)

(2)(　　　　)

答え ▶ 93ページ

せつめい文②

■ つぎの 文章を 読んで、もんだいに 答えましょう。

どうして えんぴつで 紙に 字を 書く ことが できるのか しらべて みましょう。

よういする ものは、2Bの えんぴつと、ビニールの 下じき、画用紙、工作で つかう 目の あらい 紙やすりです。

2Bの えんぴつを つかって、いろいろな ものに 字を 書いて みました。

下じきには、うすく 字を 書く ことが できましたが、ゆびで こすると、きえて しまいました。

画用紙には、こく 書く ことが できました。ゆびで こすると、字の まわりが 少し 黒く 広がったように なりましたが、字は きえません。

紙やすりにも、字を こく 書く ことが できました。□、字に ふっと いきを ふきかけると、細かい 黒い こなが とんで、字も うすく なって しまいました。

三つの ものの うち、はっきりした 字を 書く ことが できたのは、画用紙だけでした。

（「えんぴつのひみつ」平成十六年度版 日本書籍「小学国語２下」より）

① ＿＿の　ものを　よういしたのは、どんな　ことを　しらべる　ためですか。【20点】

（　　　　　　）

② 2B（ビー）の　えんぴつで　字を　書（か）いた　とき、うすく　書けた　ものには　ア、こく　書けた　ものには　イ　を　書きましょう。一つ10点【30点】

(1) 下じき　□

(2) 画用紙（がようし）　□

(3) 紙（かみ）やすり　□

それぞれ、どのように　書けたか、せつめいされて　いるね。

③ 下じきに　書いた　字を　ゆびで　こすると、どう　なりましたか。【20点】

（　　　　　　）

④ □に　入る　ことばに、○を　つけましょう。【15点】

ア（　）そのうえ　イ（　）ところで

ウ（　）けれども

⑤ はっきりした　字を　書けたのは、「下じき」「画用紙」「紙やすり」の　うち、どれですか。【15点】

（　　　　　　）

答え ▶ 93ページ

きほん

32 ようすや 気もちを 読みとろう①

■ つぎの しを 読んで、もんだいに 答えましょう。

「し」をかくひ

かぜみつる

ゆうべ
くりのきのとこ とおったら、さ
みのむしのやつ ないているのさ
こわいゆめ みたのだって
まだちいさいし、な
むりないよ

おれ あしたのぶんに とっておいた
そよかぜをだして ゆすってやった
みのむしのやつ わらってねむったぜ

あんまり かわいくて、さ
とうとう そよかぜ ぜんぶ
つかっちまって、さ
だから おれ きょう おやすみ
ひまだから「し」かいてるの

（工藤直子「のはらうたI」〈童話屋〉より）

① みのむしが　ないて　いたのは、なぜですか。【一つ15点】【30点】

・（　　　　）を（　　　　）から。

② みのむしの　ために、かぜは　どんな　ことを　しましたか。一行（いちぎょう）で　書（か）き出しましょう。【20点】

（　　　　）

③ かぜが　②の　ことを　して　やると、みのむしは　どう　しましたか。【15点】

（　　　　）

④ かぜが、「そよかぜ　ぜんぶ／つかっちまっ」たのは、みのむしを　どう　思（おも）ったからですか。一つに　○を　つけましょう。【15点】

ア（　）かわいそうだな。
イ（　）かわいいな。
ウ（　）かなしいな。

⑤ かぜは、「そよかぜ　ぜんぶ／つかっちまっ」たので、どんな　ことを　して　いますか。【20点】

（　　　　）

答え ▶ 93ページ

きほん

33 ようすや 気もちを 読みとろう②

■ つぎの しを 読んで、もんだいに 答えましょう。

花いちもんめ

かって　うれしい　花いちもんめ
まけて　くやしい　(1)
㋐となりの　おばさん　ちょっと　来て　おくれ
おにが　こわくて　行かれない
おふとん　かぶって　ちょっと　来て　おくれ
おふとん　びりびり　行かれない
おかま　かぶって　ちょっと　来て　おくれ
おかま　そこぬけ　行かれない
あの　子が　ほしい
あの　子じゃ　わからん
この　子が　(2)
㋑この　子じゃ　わからん
そうだんしよう
そう　しよう

きまった
㋒きまった
〇〇さんが　ほしい
〇〇さんが　ほしい

じゃんけんぽん

（「花いちもんめ」平成十三年度版　日本書籍「小学国語２下」より）

① (1)、(2)に 入る ことばを、しの 中から 書き出しましょう。 一つ15点【30点】

(1)（　　） (2)（　　）

② ㋐「となりの おばさん」が こわい ものは、何ですか。 【15点】

③ ㋐「となりの おばさん」に、何を かぶって 来て くれと 言って いますか。二つ 書きましょう。 一つ10点【20点】

（　　）・（　　）

④ ㋑「そうだんしよう」と ありますが、そうだんする ことに ○を つけましょう。 【15点】

ア（　）どう すれば かてるかと いう こと。

イ（　）何を かぶれば よいかと いう こと。

ウ（　）だれが ほしいかと いう こと。

⑤ ――線㋒と ありますが、もらう ために 何を しますか。 【20点】

（　　）

答え ▶ 93ページ

きほん

34 ようすや 気もちを 読みとろう③

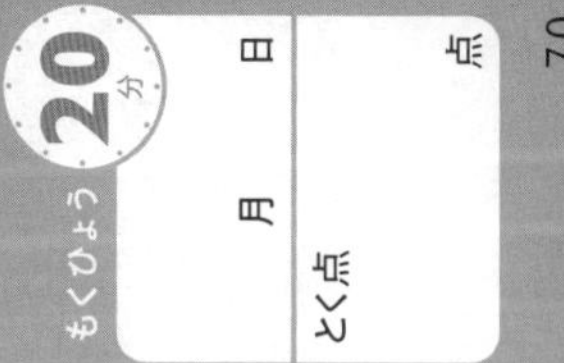

■ つぎの しを 読んで、もんだいに 答えましょう。

きりん

まど・みちお

きりん
きりん
だれが つけたの？
すずが なるような
ほしが ふるような
日曜の 朝が あけたような 名まえを

ふるさとの 草原を かけたとき
一気に 一〇〇キロ かけたとき
一ぞく みんなで かけたとき
くびの たてがみが 鳴ったの？
もえる 風に なり ひびいたの？

きりん
きりん
きりりりん

きょうも 空に おいた
小さな その 耳に
地球の うらがわから
しんきろうの くにから
ふるさとの 風が ひびいてくるの？

きりん
きりん
きりりりん

＊しんきろうの くに…ここでは、きりんの ふるさとの アフリカ あたりを さして いる。

（まど・みちお『しのえほん おさるが ふねを かきました』〈国土社〉より）

① 「きりん」と いう 名まえは、どのような 名まえだと 書いて いますか。「～名まえ。」に つづくように 三つ 書きましょう。 一つ15点【45点】

・（　　　　）名まえ。

・（　　　　）名まえ。

・（　　　　）名まえ。

② 「きりん」は、(1)どこを、(2)どのように、(3)だれと かけたのですか。 一つ15点【45点】

(1)（　　　　）かけた。

(2)（　　　　）かけた。

(3)（　　　　）かけた。

③ 「きりん」が 今 いるのは、どこですか。一つに ○を つけましょう。 【10点】

ア（　）ふるさとの うらがわの くに。

イ（　）ふるさとの 草原。

ウ（　）しんきろうの くに。

答え ▶ 94ページ

35 し 実力アップ

■ つぎの しを 読んで、もんだいに 答えましょう。

もくひょう 20分

月　日

とく点　点

みずたま　ぼうや

まど・みちお

きらきら　ぴかぴか
おひさまが　てると
みずたまぼうやの
ゆげが　そらへ　のぼる
あの　うみ
あの　かわ
あの　たんぼから
ゆらゆら　ゆらゆら　おもしろ
　そうに

そらまで　ついたら
みんな　てを　くんで
みずたまぼうやは
くもに　なって　あそぶ

あの　まち
あの　むら
あの　やま　こえて
ふわふわ　ふわふわ　おもしろ
　そうに

ぶるぶる　ぞくぞく
さむい　ひが　くると
みずたまぼうやは
あめに　なって　かえる
あの　うみ
あの　かわ
あの　たんぼへと
ざあざあ　ざあざあ　おもしろ
　そうに

（まど・みちお『しのえほん　おさるがふねをかきました』〈国土社〉より）

① つぎの (1)・(2)の、ようすを あらわす ことばを 書(か)きましょう。 一つ15点【30点】

(1) お日さまが てる ようす。 (　　　　)

(2) さむい 日の ようす。 (　　　　)

② 「みずたまぼうやの／ゆげ」は、どこから どこへ のぼりますか。□に 合(あ)わせて 書きましょう。 一つ8点【32点】

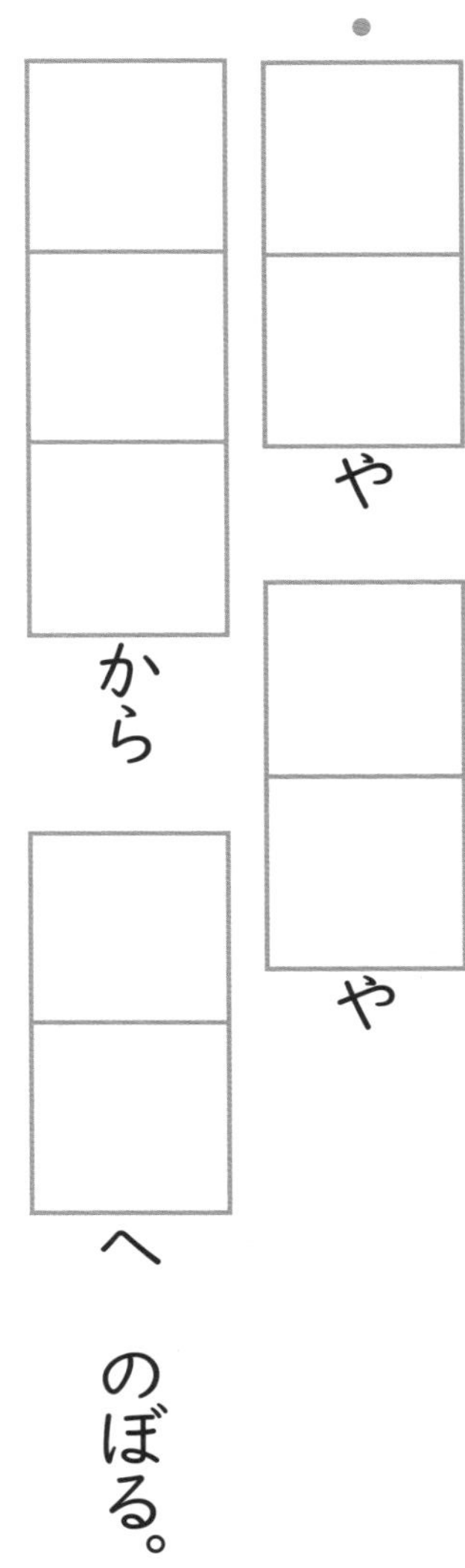

・□□や□□や

□□□から□□へ のぼる。

③ 「みずたまぼうやの／ゆげ」が 「くも」に なるには、どう しますか。 【14点】

(　　　　)

④ 「みずたまぼうや」は、さむい 日に なると、何(なに)から 何に かわりますか。 一つ12点【24点】

・(　　　　)から (　　　　)に かわる。

答え ▶ 94ページ

36 まとめテスト① ものがたり

名前

もくひょう 20分

月　日

とく点　　点

■ つぎの 文章を 読んで、もんだいに 答えましょう。

（力太郎は、みどうっこ太郎と 石こ太郎と たびを して いた。ある 町で、人々を こまらせる ばけものを たいじする ことに なった。だが、みどうっこ太郎と 石こ太郎は ばけものに のみこまれて しまった。）

そこで、力太郎が、すっくと 立ち上がった。

「ようし、こんだあ、おらが あい手だぞ。」

金ぼうを ぶるんぶるん ふり回して かかって いったが、そいつ*は 金ぼうを つまむと、あめみたいに まげて しまった。

「そんなら、㋐とっ組み合いだあ。」

二人は、えんさわんさ、さんざん もみおうたが、かちまけが つかん。どうか すると、力太郎の ほうが あぶない。これじゃ いかんと 思うた 力太郎は、いきなり あい手を 下から ぐわんと けり上げた。

「んぎゅっ、むう。」

そいつは、㋑ぶはっと みどうっこ太郎と 石こ太郎を はき出すと、ぼかぼかぼかっと、きえて しもうた。

こわごわ ようすを 見て いた 町の ものも、大よろこびで、かくれ場所から 出て きた。

*そいつ…村の むすめを さらい、田や はたけを あらす ばけもの。

（今江祥智「力太郎」『心にのこる2年生の読みもの』〈学校図書〉より）

① 力太郎と　ばけものが　たたかった　とき、それぞれ　はじめに　どんな　ことを　しましたか。記号で　答えましょう。　一つ10点【20点】

(1) 力太郎 □　(2) ばけもの □

ア　あい手を　のみこむ　こと。
イ　金ぼうを　ふり回して　かかって　いく　こと。
ウ　金ぼうを　まげて　しまう　こと。

② 「とっ組み合い」を　した　ふたりが、もみ合って　いる　ようすを　あらわす　ことばを、六字で　書きましょう。　【10点】

□□□□□□

③ ばけものが　――線㋑のように　なったのは、力太郎が　どんな　ことを　したからですか。　【10点】

（　　　）

④ ばけものが　たいじされた　ときの、町の　ものの　気もちが　わかる　ことばを、五字で　書きましょう。　【10点】

□□□□□

答え ▶ 94ページ

36 かん字・ことば
まとめテスト①

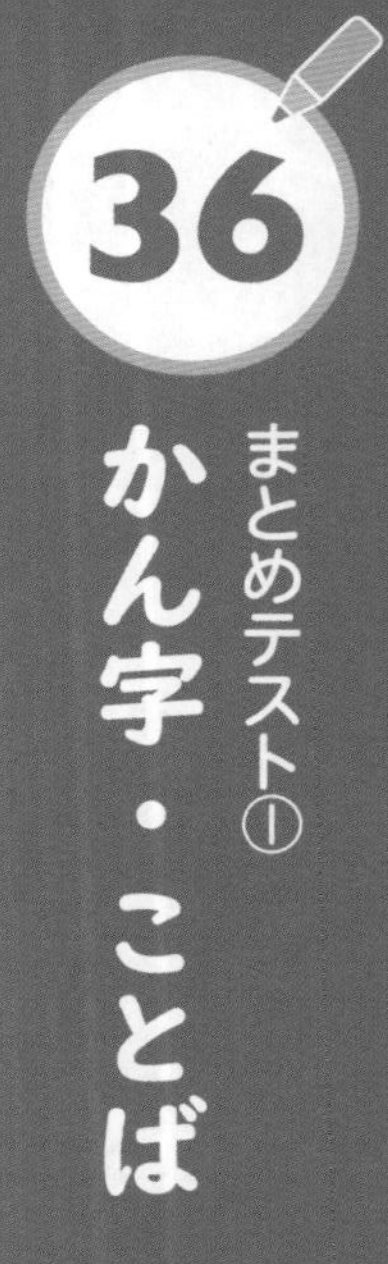

1 ―線の かん字の 読みがなを 書きましょう。 一つ2点【8点】

① ア 大切（　　） イ 切りかぶ（　　）

② ア 台風（　　） イ 台（　　）の 上。

2 つぎの□に、かん字を 書きましょう。 一つ2点【20点】

① □（ちち）と □（はは）の □□（ゆうじん）が 家に 来る。

② □（たに）の 下から、ひとの □（こえ）が 聞こえる。

③ □□（こんしゅう）、ダンスの □□（てんさい）に 会う。

④ □□（にんぎょう）と □（おな）じ □（いろ）の ふく。

3 つぎの ――線と はんたいの いみの ことばを、かん字と ひらがなで 書きましょう。 一つ3点【9点】

① 本を 売る。 ↔ （　　　）

② 力が 弱い。 ↔ （　　　）

③ 新しい ビル。 ↔ （　　　）

4 ①～③の ことばから、かたかなで 書く ことばを 一つずつ えらんで、かたかなに 直して 書きましょう。 一つ3点【9点】

① いちご・めろん・ぶどう （　　　）

② えんぴつ・したじき・かったあ （　　　）

③ しゃつ・うわぎ・てぶくろ （　　　）

5 つぎの 文に 合う ほうの 文と 文を つなぐ ことばを、◯で かこみましょう。 一つ2点【4点】

① かぜを 引いた。 {すると／だから} 学校を 休んだ。

② わすれものを した。 {それで／または} 家に もどった。

答え ▶ 95ページ

37 せつめい文

まとめテスト②

名前

もくひょう 20分

月　日

とく点　点

■ つぎの 文章を 読んで、もんだいに 答えましょう。

（下じき、画用紙、紙やすりの うち、どうして 画用紙だけは えんぴつで しっかり 字が 書けるのか、しらべて いきます。）

ゆびで、ビニールの 下じきを さわると、つるつるして います。紙やすりは ざらざらして います。画用紙は、下じきほど つるつるでは ありませんが、紙やすりほど ざらざらでは ありません。

えんぴつで 画用紙に 字を 書くと、しんが 紙に こすりつけられ、少しずつ けずられて 細かい つぶに なります。その つぶが 紙の おもてに しっかり ついて、いきを ふきかけたり、ゆびで こすったり しても とれません。その とき、しっかり 字が 書けた ことに なるのです。

下じきは、おもてが つるつるして いるので、えんぴつの しんは すべって しまって、細かい つぶに なりません。［　　］、うまく おもてに くっつかないのです。

紙やすりは、しんを けずって 細かい つぶに する ことが できます。でも、おもてが ざらざらして いて、つぶが しっかり 紙に くっつかないので、いきを ふきかけると とんで しまい、字が うすく なったのです。

（「えんぴつのひみつ」平成十六年度版 日本書籍「小学国語２下」より）

① ゆびで　さわると、(1)下じきと　(2)紙やすりの　おもては、どんな　かんじですか。それぞれ　書きましょう。　【一つ5点【10点】】

(1)（　　　　）　(2)（　　　　）

② 画用紙に　しっかり　字が　書けるのは、どんな　ときですか。　【一つ5点【10点】】

・けずられた　しんの　細かい（　　　　）が、紙の（　　　　）に　しっかり　つく　とき。

③ □に　入る　ことばに、○を　つけましょう。　【10点】

ア（　）しかし　イ（　）それで
ウ（　）ところで

④ 紙やすりに　書いた　字が、うすく　なる　わけと　して　合う　ほうに、○を　つけましょう。　【10点】

ア（　　）えんぴつの　しんが　すべって、細かい　つぶに　ならないから。

イ（　　）えんぴつの　しんの　つぶが　おもてに　しっかり　つかないから。

答え ▶ 95ページ

37 まとめテスト②
かん字・ことば

1 つぎの　なかまの　かん字を、□に　書(か)きましょう。
一つ2点【14点】

① 色(いろ)……□(くろ)・□(き)・□(ちゃ)

② 天気・空……□(ゆき)・□(くも)・□(かぜ)・□(は)れ

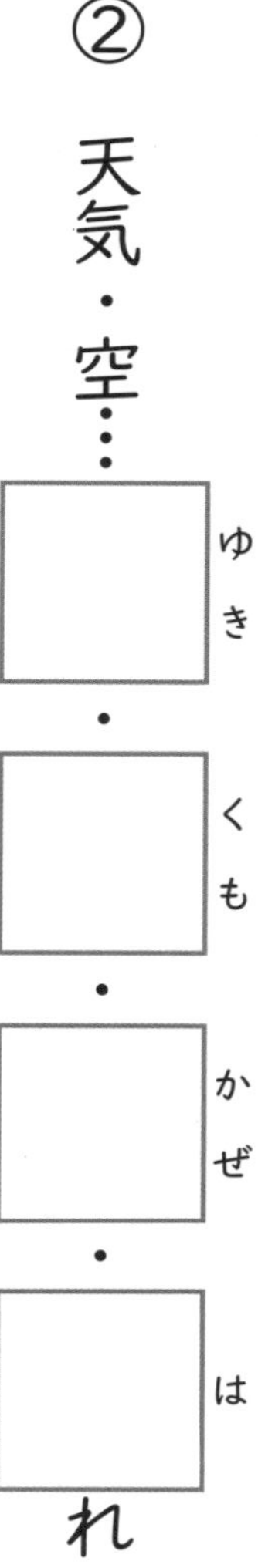

2 ――線(せん)の　ことばを、かん字と　ひらがなで　書きましょう。
一つ2点【6点】

① しつもんに　こたえる。（　　）

② 道(みち)じゅんを　おそわる。（　　）

③ 車が　とまる。（　　）

3 つぎの　かん字の　矢(や)じるし　部分(ぶぶん)は、何画(なんかく)めに　書きますか。数(かず)の　かん字で　こたえましょう。
一つ5点【10点】

① 麦　□画め　② 毎　□画め

4 つぎの（　）に 入る 文と 文を つなぐ ことばを、□から えらんで 書きましょう。 一つ4点【16点】

① 姉は、やさしい。（　　　　）頭も いい。

② 毎日 なえの せわを した。（　　　　）、うまく そだたなかった。

③ さいふが、空っぽだ。（　　　　）、お金が ない。

④ うえ木に 水を やった。（　　　　）、元気に なった。

しかし　つまり　すると　それに

5 つぎの 文章が 正しい 書き方に なるように、□に 丸（。）か 点（、）を つけましょう。 一つ2点【14点】

きのう□①家の 近くの 広場で□②はるとくんと あそびました□③かんけりを したり□④なわとびを したり しました□⑤とても 楽しかったけれど□⑥少し つかれました□⑦

答え ▶ 95ページ

■ つぎの しを 読んで、もんだいに 答えましょう。

ともだち

だいちさくのすけ

わしの うえを
みんなが あるく
あり ちょこちょこ
うさぎ と・と・と・と
くま のっしのっし
てんきのよいひは にぎやかで
てんきのよいひは くすぐったい

㋐わしの なかで
みんなが ねむる
みみず くるくるん
もぐら ころころん
あなぐま もくもくり
ふところは いつも あたたかで
みんなを だいて わしもうとうと

ぽつんと つきあたる あめつぶ
ふわりと すわりこむ おちば
ゆらゆら たちのぼる かげろう*
ゆるゆる さんぽする おがわ

㋑わしの そばで みんな
いつも なにか している

＊かげろう…天気の よい日に、地上の ものが ゆれて 見える ようす。

（工藤直子「のはらうたⅠ」〈童話屋〉より）

① 「てんきのよいひ」を だいちは どう かんじて いますか。二つ 答えましょう。

一つ6点【12点】

（　　　　）・（　　　　）

② 「わしの なかで／みんなが ねむる」とき、つぎの (1)・(2)の どうぶつの ようすを あらわす ことばを、それぞれ 記号で 答えましょう。

一つ6点【12点】

(1) みみず □

(2) あなぐま □

ア ちょこちょこ
イ と・と・と・と
ウ のっしのっし
エ くるくるん
オ ころころん
カ もくもくり

③ 「わしの そば」で なにか して いる ものの うち、つぎの (1)〜(3)の ようすの ものを それぞれ 書きましょう。

一つ4点【12点】

(1) ぽつんと つきあたる………（　　　　）

(2) ふわりと すわりこむ………（　　　　）

(3) ゆるゆる さんぽする………（　　　　）

答え ▶ 95ページ

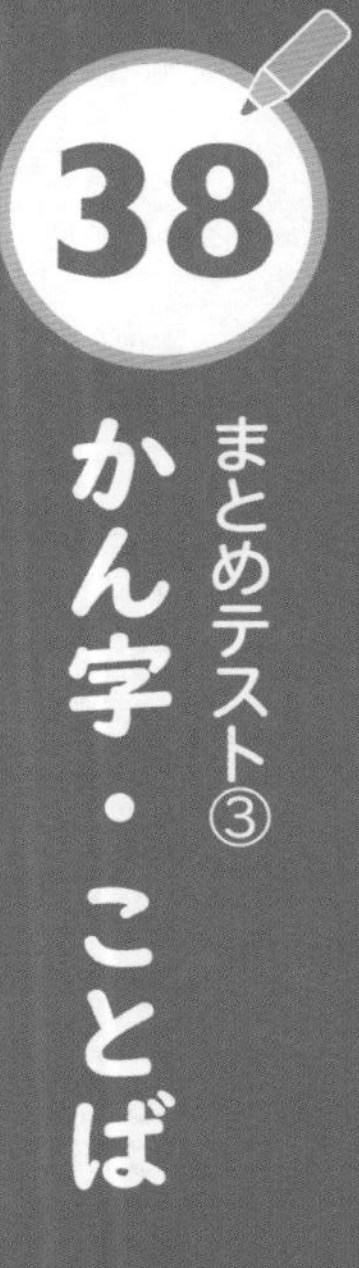

38 かん字・ことば

まとめテスト③

1 ①〜④が 正しい かん字に なるように、□から 同じ 部分を えらんで 書き入れましょう。
（少し 形を かえます。）りょうほう できて 一つ3点【12点】

① □丨・□虫

② 昇□・合□

③ □未・□市

④ □吾・□十

雨　竹　言　女　糸　弓

2 形の にた かん字に 気を つけて、□に かん字を 書きましょう。
一つ2点【14点】

① □(きゅう) この □(まる) い ボール。

② □(ちから) いっぱい □(かたな) を ふる。

③ □(おお) きくて □(ふと) った □(いぬ) が いる。

3 つぎの　文に　合う　ほうの　音や　ようすを　あらわす　ことばを、（　）で　かこみましょう。　一つ3点【6点】

① かぜを　引いて、｛コンコン／ゴンゴン｝　せきを　する。

② 池に　ボールが　｛ふかふか／ぷかぷか｝　うく。

4 つぎの　文で、主語には　――線を、じゅつ語には　〰〰線を　右がわに　引きましょう。　りょうほう　できて　一つ5点【20点】

① この　赤い　花は　とても　うつくしい。

② いつも　明るい　兄が　きゅうに　ないた。

③ 今日の　八時から　大切な　うち合わせが　ある。

④ 母の　弟は　大学びょういんの　いしゃだ。

5 つぎの　二つの　ことばを　組み合わせて、一つの　ことばを　作りましょう。　一つ4点【12点】

① 通る ＋ すぎる → （　　　）

② おくる ＋ もの → （　　　）

③ おちる ＋ は → （　　　）

答え ▶ 96ページ

答えとアドバイス

おうちの方へ

▼まちがえた問題は、何度も練習するようにしましょう。
▼アドバイスも参考に、お子さまに指導してあげてください。

1 きほん なかまに なる かん字① 4〜5ページ

1 ①鳥・馬・牛・魚 ②姉・兄・弟・妹 ③首・毛・頭・顔 （順不同）

2 ①朝・昼・夕方・夜 ②午前・正午・午後

3 ①食べる・言う・話す ②歩く・走る ③考える・思う （順不同）

4 ①月 ②星 ③池 ④岩 ⑤野原

アドバイス

1 一年生で習った仲間の漢字、①「貝・人・犬」、③「目・口・耳・手・足」も確認しましょう。②「兄と姉」が年上、「弟と妹」が年下という関係にも注意します。

3 動きを表す言葉を、動きの種類によって分けます。

2 きほん なかまに なる かん字② 6〜7ページ

1 ①夏・冬・春・秋 ②北・南・東・西 （順不同）

2 ①丸 ②線 ③点 ④三角

3 ①音楽 ②理科 ③算数 ④図画工作 ⑤社会 ⑥体 ⑦国語

4 ①市場 ②交番 ③店 ④寺 ⑤公園

アドバイス

1 ①「春→夏→秋→冬→春」という季節のめぐり方や、②「東西南北」の方角を確かめるとよいでしょう。

2 ①「丿九丸」という書き順に注意しましょう。

3 教科の言葉は、画数の多い漢字が多いので、書き方をよく確かめてください。

3 きほん かん字と おくりがな 8〜9ページ

1 ①光る ②少ない ③帰る ④当たる

2 ①ま ②み ③ん ④も ⑤む ⑥め

3 ①イ ②ア ③ア ④イ ⑤ア

4 ①アい イかい ②アる イう

アドバイス

1 どれも送り仮名をまちがえやすい漢字です。①ものの名前の場合は一字で「光(ひかり)」です。②「少(すこ)し」という読み方もあります。③「帰える」、④「当る」はまちがいです。

2 送り仮名は下に続く言葉によって、変化することに気づきましょう。

4 きほん 同じ 部分を もつ かん字・かん字の 組み立て 10〜11ページ

1 ①言 ②攵 ③亠 ④儿 ⑤广 ⑥門

2 ①紙・組 ②場・地 ③曜・明 ④頭・顔 ⑤室・家 ⑥黒・点

3 ①星 ②思 ③鳴 ④知 ⑤理 ⑥時

4 ①女・市 ②止・少 ③糸・白・水 ④立・木・見 （順不同）

アドバイス

1 ①□、②□、③□、④□、⑤□、⑥□の部分が同じです。

2 ①〜④は、入る位置に合わせて、少し形が変わることに注意しましょう。

3 漢字を上下に組み合わせるものと、左右に組み合わせるものがあることに注意しましょう。

5 きほん まちがえやすい かん字① 12〜13ページ

1 ①こ・い ②よなか・ふなで ③なか
④こがい ⑤つの・さ

2 ①アげんき イがんじつ
②アちず イとしょ

3 ①ア ②イ ③イ ④イ

4 ①合・会 ②内・肉 ③方・万
④午・牛

アドバイス

1 ①「来」は、「来る・来ない・来ます」のように、活用によって、読み方が変わります。③「はん（ばん）」や④「とがい」という読みまちがいに注意しましょう。

2 漢字の組み合わせ（熟語）で、二つの音読みを覚えましょう。

4 ①「合う」は「一致する」、「会う」は「人と顔をあわせる」という意味です。それぞれ正しく使い分けましょう。

6 きほん まちがえやすい かん字② 14〜15ページ

1 ①アすこ イすく ②アおし イおそ

2 ①地・池 ②親・新 ③活・話
④聞・間

3 ①三 ②七

4 ①一 ②三 ③五 ④八 ⑤七

5 ①イ ②ア ③ア ④イ

アドバイス

1 訓読みが複数ある漢字は、送り仮名に注意しながら、正しく読み分けます。

3 ①「弓」は、「ㄱ コ 弓」の三画です。
②「近」の「斤」は「ノ 厂 斤 斤」の四画、「辶」は「丶 ㇇ 辶」の三画です。

4・5 いずれも書き順をまちがえやすい漢字です。漢字は、正しい書き順で覚えることが大切です。

7 実力アップ かん字 16〜17ページ

1 ①米・魚・肉 ②百・万・千
③弓・刀・矢 （順不同）

2 ①長い ②明かり

3 ①オ ②エ ③カ ④ア ⑤イ ⑥ウ

4 ①小・少 ②手・毛 ③体・休

アドバイス

1 ①「肉」は「内」、②「百」は「白」「自」、「万」は「方」、③「刀」は「力」という、形が似た漢字があるので注意しましょう。

2 ②「明」には、「明るい」と「明ける（明かり）」などの複数の訓読みがあります。読み方と送り仮名の関係に注意しましょう。

3 ②「彳（ぎょうにんべん）」と⑥「亻（にんべん）」は、形が似ていて混同しやすいので、注意しましょう。

8 きほん かたかなで 書く ことば 18〜19ページ

1 ①フライパン ②カレンダー
③ビュービュー ④インドネシア
⑤パイナップル ⑥コケコッコー

2 ①イ ②ア ③イ

3 ①イ・カ ②ウ・キ
③ア・オ ④エ・ク （順不同）

4 グラタン・サラダ・コップ （順不同）

アドバイス

1 ②・③・⑥は、のばす音を「ー」で正しく書けているか確かめておきましょう。

2 ①「ジ」と「ヅ」、「ソ」と「ン」、②「マ」と「ア」、「ヌ」と「ス」、③「ワ」と「ウ」、「ク」と「タ」、「ス」と「ヌ」の字形に注目します。

4 三つとも、「外国から来た言葉」です。「グラタン」は、フランスからの外来語です。

9 きほん 音や ようすを あらわす ことば・組み合わせた ことば 20～21ページ

1 ①トントン・そっと
②ぴょん（と）・ケロケロ
③ぐらぐら・ザーッ（と）
④ドボン（と）・すいすい

2 ①すやすや ②にっこり ③ピーッ

3 ①△ ②○ ③○ ④○ ⑤△ ⑥△

4 ①つりざお ②けしゴム
③おりたたみがさ

5 ①あめ・かさ ②書く・おわる

アドバイス

1 多くの場合、音を表す言葉はかたかな、様子を表す言葉はひらがなで書きます。

2 ①・②が様子、③が音を表す言葉です。

4 それぞれ、上の言葉の形が変わること、①・③については、下の言葉が「ざお」「がさ」と濁る（にごる）ことに注目します。

10 きほん はんたいの いみの ことば・にた いみの ことば 22～23ページ

1 ①近い ②多い ③長い ④明るい

2 ①イ ②イ ③ウ

3 ①地 ②左 ③外 ④親

4 ①おそろしい ②ながめる
③こしかける ④しゃべる ⑤つまい

アドバイス

2 文の中で——の言葉の意味をとらえて、反対の意味の言葉を考えましょう。

3 ①「天地」、②「左右」、③「内外」、④「親子」という熟語が作れます。

4 ④には、他に「語る」という似た意味の言葉もあります。

11 実力アップ ことば① 24～25ページ

1 ①おきる ②にぎりめし
③あまい・すっぱい

2 ①ドンドン ②パリパリ ③そよそよ
④さらさら

3 ①エ ②オ ③ア ④イ ⑤ウ

4 ①チュンチュン ②ポチャン
③ハンバーグ ④インド

5 ①売る ②弱い ③太い

アドバイス

1 言葉を組み合わせたときの、言葉の形の変化と濁音化（だくおんか）を理解しましょう。

2 ③「そわそわ」は、気持ちが落ち着かない様子を表す言葉です。

4 ③は、のばす音を正しく書きましょう。

12 きほん 丸（。）・点（、）・かぎ（「 」） 26～27ページ

1 ①、 ②。 ③、 ④。 ⑤、 ⑥。

2 ①外が くらく なったので、雨戸を しめた。
②広場に 行った。友だちと サッカーを した。
③「やったあ。」と 思った。

3 ①わたしは弟と、お父さんをえきまで
むかえに行った。
②わたしは、弟とお父さんをえきまで
むかえに行った。

4 　きのう、家の　前の　道を
ほうきで　はきました。となり
の　家の　おばさんに、
「えらいわね。ありがとう。」
と　言われました。きれいに
なって、すっきりしました。

アドバイス

2 ③会話や思ったことには、かぎ
(「　」)を付けることを押さえましょう。

3 点を「弟と」の前と後のどちらに付け
るかで、誰が迎えに行ったのかが変わり
ます。

13 きほん 文の　組み立て　28〜29ページ

1 ①ア　②ウ　③イ

2 ①犬が・走り回る
②兄は・せいと会長だ
③花が・きれいだ　④妹は・のんだ

3 ①ぐつぐつ　②大きな　③すばやく
④細い

4 ①イ・エ　②ア・ウ　③ウ・エ
④ア・イ・ウ

アドバイス

2 主語と述語だけをつないで読んで、文
の形になるかを、確かめましょう。

3 ①・③「どのように」に当たる言葉は
動きを表す言葉を、②・④「どんな」に
当たる言葉は物の名前を表す言葉をくわ
しくしていることを、押さえましょう。

14 きほん 文と　文を　つなぐ　ことば　30〜31ページ

1 ①すると　②さらに　③でも

2 ①だから　②それとも　③けれど
④さて

3 ①イ　②ア　③イ

4 ①れいそれから、おやつを　食べた。
②れいそれとも、外で　あそぼうか。

アドバイス

2 ①「だから」は、前と後の内容が自然
につながるとき、④「さて」は、前と話
題を変えて後を続けるときに使います。

4 ①「それから」は前のことに続けると
き、②「それとも」はどちらかを選ぶと
きに使います。

15 実力アップ ことば②　32〜33ページ

1 ①きのう　弟が　かいだんで　ころんだ。
②まっかな　りんごが　どっさり　なっ
た。

2 ①それとも　②なぜなら

3 ①、　②。　③、　④、
⑤「　⑥」。　⑦。

4 ①なぜなら　②それから　③けれども
④ところで

アドバイス

2 ①「それとも」はどちらかを選ぶとき、
②「なぜなら」は理由を表すときに使い
ます。

3 ⑥会話の終わりには丸(。)とかぎ
(」)の両方を入れることを押さえます。

4 ①「なぜなら……からだ。」で、前の
ことの理由を表します。

16 きほん 「だれが 何を どう する」を 読みとろう① 34～35ページ

■ ①きつね〈かに〉・かに〈きつね〉・きょうそう

②ウ

③かに・きつね〈自分〉

④かに・きつね・しっぽ

アドバイス

■ ①きつねとかにが、競走をしたお話であることを押さえましょう。

④きつねのしっぽにしがみついて勝った、かにの知恵を押さえましょう。

17 きほん 「だれが 何を どう する」を 読みとろう② 36～37ページ

■ ①ライオン

②ライオン・ねずみ〈自分〉

③イ

④ア

アドバイス

■ イソップ童話「ねずみとライオン」のお話です。動物にたとえていますが、強い人間でも、弱い人間の助けを借りることがあることを教訓としています。

②肉食のライオンは、昼寝をじゃまされたこともあり、ねずみを食べようとしたことをとらえましょう。

③・④ライオンは、初めはねずみをばかにしていましたが、最後には感謝と反省の気持ちを抱いています。

18 きほん 人ぶつの 気もちを 読みとろう① 38～39ページ

■ ①ア・ウ・オ・キ

②あまえながら・ついて

③「まあ、きたない　犬ね。」〈きたない犬〉・はずかしい　思い

アドバイス

■ ①「まや」が、目や足が不自由な老犬であることを押さえましょう。

②・③はなこがまやを好きな理由と、外出すると汚い犬と言われて恥ずかしい思いをするので、連れて歩きたくないという気持ちの両面をとらえましょう。

19 実力アップ ものがたり① 40～41ページ

■ ①どこ・明かり

②いとこ・ゆか下（で）

③イ

④ア2　イ3　ウ1　エ4

アドバイス

■ ①はなこが家に帰るころには、すっかり暗くなっていて、電灯も全く見えなかった様子をとらえましょう。

③はなこはまやがついてきたことを忘れていましたが、まやははなこを待っていたのです。頬ずりをしたほど、はなこは、まやに深く感謝したのです。

20 きほん 場めんの ようすを 読みとろう① 42～43ページ

■ ①ウ　②ア2　イ3　ウ1

③つえ・れい　立つ

④もっこら　むっくら（と）

アドバイス

■ ①冒頭の二つの文から読み取ります。

②話の展開を正しく押さえましょう。

③「立つ」は「立ち上がる」でも正解です。

④この作品独特の、様子を表す言葉に注目しましょう。

21 きほん 場めんの　ようすを読みとろう② 44〜45ページ

■ ①大きな　石を（ごんごろ、ごんごろ、）ころがして

②金ぼう・うけ止め・れいけった

③れい力太郎が　けった　石が、まともに　ぶつかったから。

④ウ　⑤かちまけ　※「しょうぶ」などでも可。

アドバイス

■ ①・②男と力太郎との行動を、それぞれ正確にとらえましょう。

⑤力太郎が、みどうっこ太郎と石こ太郎のとっ組み合いを見ていたことに注目しましょう。

22 きほん 人ぶつの　気もちを読みとろう② 46〜47ページ

■ ①れい大よろこびするに　ちがいない（と　考えた）。

②あなぐら

③木の　えだ・くくりつけた　④イ

アドバイス

■ ③——線㋒の言葉の後の、おじいさんのしたことに注目します。

④「とぼとぼ」は、元気なく歩く様子を表す言葉です。子だぬきにたこを渡せなかった残念な気持ちが表れています。

23 実力アップ ものがたり② 48〜49ページ

■ ①道も　はたけも、見わたす　かぎり雪で　まっ白。

②雪下ろし（を　して　いた　とき。）

③⑴遠くの　山かげ（から）。

⑵ゆらゆら　しっぽを　ふりはじめた。

④ウ

アドバイス

■ ③おじいさんが見た、遠くに浮かぶたこの様子をとらえましょう。

④——線㋑の前の「　」内でおじいさんの考えたことから読み取ります。

24 きほん 何の　せつめいかを読みとろう 50〜51ページ

■ ①つばめ・ひな

②子どもの　ゆびの　先ぐらい（の　大きさ）。

③れい目が　見えないので。

④はえ・あぶ（順不同）　⑤⑴ウ　⑵何十回

アドバイス

■ ①つばめのひなの成長と、親鳥の子育てについて説明した文章です。

③理由を問われているので、文末に「ので」や「から」を付けて答えます。

⑤⑴「かわるがわる」とは、「交代で」の意味であることを押さえましょう。

25 きほん 正しく　読みとろう① 52〜53ページ

■ ①⑴三（日め）　⑵四（日め）

⑶十五（日め）

②すの　中・すの　外

③羽ばたきの　れんしゅう。　④ア

アドバイス

■ ①ひなが日々成長していく様子を、具体的な日にちと共に読み取ります。

②巣の中にしている間は、親鳥が外に捨てていたことも確認しましょう。

④「たどたどしく」から、「上手でなく、危なっかしい」様子を読み取りましょう。

26 きほん 正しく　読みとろう② 54〜55ページ

■ ①丸木ばし　②ウ

③れい 川の　中に、木や　石で　台を　いくつか　作る。・きしと　台、台と　台との　間を、木や　石で　つなぐ。

④きしと　きしとの　間・つる

⑤イ

アドバイス

■ ②□の前に、狭い川の場合は木や石を渡すとあるのに対して、後に、広い川で石や木が届かない場合は困るとあるので、逆の関係をつなぐ言葉が入ります。

③「まず、さいしょに」と「つぎに」という順序を表す言葉に注目します。

⑤——線㋒の前の「そこで」は、前の文を理由として受ける言葉です。谷が深いと台が作れないので、ふつうの橋の作り方はできないことをとらえましょう。

27 実力アップ せつめい文① 56〜57ページ

■ ①形・ざいりょう

②⑴石　⑵弓のような　形。

③(じょうぶな)　ワイヤー

④三角形に　組み合わせる。

⑤上…車　下…電車

アドバイス

■ ①形や材料などについて工夫した橋を、いくつか挙げて説明した文章です。

③「つるの　かわりに」とあることから、材料がそれまでと変わったことをとらえましょう。

⑤「大きな　タンカー」は、二階建ての橋ではなく、橋の下、つまり海を航行することに注意しましょう。

28 きほん じゅんじょよく　読みとろう 58〜59ページ

■ ①れい 頭の　小さい、羽の　ある　ありが、(すの　入り口から)ときどき　体を　のり出して　いる　ようす。

②女王あり

③けっこん　④れい しんで　しまう。

⑤ア3　イ4　ウ1　エ2

アドバイス

■ ①——線を含む文の次の文に注目。

②羽のあるありには、女王ありとおすありがいて、大きさが異なることを押さえましょう。

④・⑤結婚飛行の後、おすありは死に、女王ありは羽を捨てることを押さえます。女王ありがすることは、最後の段落の「それから…」以降に続いているので、正しい順序で読み取りましょう。

29 きほん だいじな　ことを　読みとろう① 60〜61ページ

■ ①⑴よう虫　⑵さなぎ

②⑴二か月(ぐらい)　⑵夏

③れい しばらく　休む　こと。

④トンネル作り　⑤イ

アドバイス

■ ②⑴は2のまとまりから、⑵は3のまとまりから答えます。

③働きありは、少しだけ休むとすぐに働き始めることを押さえます。

④指示語の指し示す内容は、たいてい前にあります。ここでも、前の内容を受けています。字数に合わせて、適切な言葉を答えられるようにします。

30 きほん だいじな ことを 読みとろう② 62～63ページ

■ ①HB ②ウ

③(1)こくえん (2)ねん土

④(1)こくえんの 細かな つぶを かためる（はたらき）。

(2)かたく なる。

アドバイス

■ ①2Bがいちばん濃く、2Hがいちばん薄く書けたことから考えましょう。

②鉛筆の芯は、黒鉛と粘土を混ぜて作られるということが説明されています。

③5・6のまとまりに注目します。黒鉛と粘土の量を変えることで、字の濃さを調節できるということが理解できているかを、確認しておきましょう。

④6のまとまりに注目し、粘土を鉛筆の芯に混ぜる意図を理解しましょう。

31 実力アップ せつめい文② 64～65ページ

■ ①どうして えんぴつで 紙に 字を 書く ことが できるのかと いう こと。

②(1)ア (2)イ (3)イ

③れい きえて しまった。

④ウ ⑤画用紙

アドバイス

■ ②(3)紙やすりを、アと答えないように注意します。息をかけると薄くなるとはいえ、濃く書くことはできたのです。

④□の前後の内容に注目しましょう。前には、字を濃く書けた、後には、息を吹きかけると芯の粉が飛んで字が薄くなってしまったとあります。前後が相反する内容なので、ウ「けれども」が入ります。

32 きほん ようすや 気もちを 読みとろう① 66～67ページ

■ ①こわいゆめ・みた

②そよかぜをだして ゆすってやった

③れい わらって ねむった。 ④イ

⑤れい 「し」を かく こと。

アドバイス

■ 作者が、風になったつもりで書いた詩です。

②・③二つ目のまとまりから読み取るようにします。風がしたことと、みのむしがそれによってどうしたかを、読み取りましょう。

④「あんまり かわいくて、さ」という、みのむしへの風の気持ちが表れた言葉をとらえます。

33 きほん ようすや 気もちを 読みとろう② 68～69ページ

■ ①(1)花いちもんめ (2)ほしい

②おに

③おふとん・おかま （順不同）

④ウ ⑤じゃんけん（ぽん）

アドバイス

■ ①(1)一行目と二行目の「かって　うれしい」と「まけて　くやしい」が対応していることに注目します。(2)二行前と同じ言葉が入ることに注目します。

④「あの（この）子が　ほしい」に対して、「あの（この）子じゃ　わからん」というので、相談することになったという流れをとらえましょう。

⑤――線㋒の後に注目しましょう。じゃんけんをして勝ったら、指名した子を自分の側にもらえるのです。

34 きほん ようすや気もちを読みとろう③ 70～71ページ

■ ①すずがなるような・ほしがふるような・日曜の朝があけたような（順不同）

②(1)ふるさとの草原を

(2)一気に一〇〇キロ

(3)一ぞくみんなで

③ア

アドバイス

■ ①第一連の「ような」というたとえを表す言葉に注目しましょう。作者が「きりん」という音の響きに感じたことです。

②第二連の冒頭の三行に、「きりん」が駆けたときの様子がくわしく書かれています。

③第三連に、「きょうも」とあることに注目します。続いて、「地球のうらがわ」「しんきろうのくに」「ふるさとの風」とあることから、ふるさととは離れた場所にいる情景を読み取りましょう。

35 実力アップ し 72～73ページ

■ ①(1)きらきら　ぴかぴか

(2)ぶるぶる　ぞくぞく

②うみ・かわ（順不同）・たんぼ・そら

③れい（そらまで　ついたら）みんなで　てを　くむ。

④くも・あめ

アドバイス

■ ①(1)「きらきら」と「ぴかぴか」は光る様子を表す言葉、(2)「ぶるぶる」と「ぞくぞく」は寒さなどでふるえる様子を表す言葉です。

②「そらへ　のぼる」の後に「……から」とあることに注意しましょう。

④この詩では、みずたまぼうやが「ゆげ」→「くも」→「あめ」へと変化していく様子が描かれていることを押さえましょう。

36 まとめテスト① 74～77ページ

ものがたり

■ ①(1)イ　(2)ウ

②えんさわんさ

③れい いきなり　ばけものを　下からぐわんと　けり上げる　こと。

④大よろこび

アドバイス

■ ①化け物は、力太郎の金棒を曲げてしまうほど強いことにも注目します。

②「えんさわんさ」は、力を出して押したり持ち上げたりする様子を表した、作者独特の表現です。

③取っ組み合いを始めてからのお話の流れを、正確に読み取ることができているかを、確かめておきましょう。

④最後の文に注目しましょう。

かん字・ことば

1 ①アたいせつ　イき
②アたいふう　イだい

2 ①父・母・友人　②谷・声
③今週・天才　④人形・同・色

3 ①買う　②強い　③古い

4 ①メロン　②カッター　③シャツ

5 ①だから　②それで

アドバイス

3 ①「売買」、②「強弱」という熟語が作れることも覚えておきましょう。

4 ②のばす音「ー」の書き方に注意させます。②・③「ツ」と「シ」はまちがえやすいので、正しく書いているかを確かめましょう。

5 ①「だから」と②「それで」は、前を理由として後に続けるときに使います。

37 まとめテスト② 78〜81ページ

せつめい文

■ ①(1)つるつる　(2)ざらざら
②つぶ・おもて
③イ　④イ

アドバイス

■ ②二つ目のまとまりに注目します。画用紙で鉛筆の芯がけずられ、細かい粒になります。その粒が紙の表によくくっつくので、字がしっかり書けるのです。

③□の前後の内容に注目しましょう。前には鉛筆の芯がすべって細かい粒にならない、後には紙の表にくっつかないとあります。前が後の部分の理由となるので、イ「それで」が入ります。

かん字・ことば

1 ①黒・黄・茶　②雪・雲・風・晴

2 ①答える　②教わる　③止まる

3 ①二　②五

4 ①それに　②しかし　③つまり
④すると

5 ①、　②、　③。　④、
⑤。　⑥、　⑦。

アドバイス

2 ②「教わる」「教える」という読み方があるので、送り仮名に注意しましょう。

4 ①「それに」は付け加えの関係、②「しかし」は逆の関係、③「つまり」は言い換えの関係、④「すると」は自然な関係をつなぐ言葉です。

5 まず、文の切れ目を探しましょう。三つの文でできた文章です。

38 まとめテスト③ 82〜85ページ

し

■ ①にぎやか（だ）・くすぐったい（順不同）
②(1)エ　(2)カ
③(1)あめつぶ　(2)おちば　(3)おがわ

アドバイス

■ 作者が、大地になったつもりで書いた詩です。

①天気のよい日に皆が自分の上を歩くことに対して、大地が述べています。

②二つ目のまとまりから、みみずとあなぐまの様子を探しましょう。アあり、イうさぎ、ウくま、オもぐらの様子です。ア〜ウは一つめのまとまりに描かれた歩く様子、エ〜カは二つめのまとまりに描かれた眠る様子を表すことにも注目します。

かん字・ことば

1 ①引・強 ②算・答 ③妹・姉 ④語・計

2 ①九・丸 ②力・刀 ③大・太・犬

3 ①コンコン ②ぷかぷか

4 ①花は・うつくしい

②兄が・ないた

③うち合わせが・ある

④弟は・いしゃだ

5 ①通りすぎる ②おくりもの ③おちば

アドバイス

1 ②「竹」は、かなり平たい形に変えることに注意しましょう。

2 ③点の有無、位置に注意しましょう。

3 ①「コンコン」はせきの音、②「ぷかぷか」は物が水に浮かぶ様子を表す言葉です。

4 主語と述語をつなげてみて、それだけでも文が成り立つかを確かめましょう。

5 ③「おちる」が「おち」と変化し、「は」が「ば」と濁(にご)ることに注意します。